MW01616468

BEYNİNE
FORMAT AT

Bu kitabın içeriği genel bilgi verme amacıyla hazırlanmıştır. Hastalıkların kesin tanı ve tedavisi, hiçbir şekilde ayrıntılı klinik muayene gerçekleşmeden yapılamaz. Her bireyin rahatsızlığının tedavisinin özgün olduğu unutulmamalıdır.

BEYNİNE FORMAT AT

Yazan: M. Barış Muslu

Yayın hakları: © Doğan Egmont Yayıncılık ve Yapımcılık Tic. A.Ş.
Bu eserin bütün hakları saklıdır. Yayınevinden yazılı izin alınmadan kısmen veya tamamen alıntı yapılamaz, hiçbir şekilde kopya edilemez, çoğaltılamaz ve yayımlanamaz.

I. baskı / Ocak 2013
25. baskı / Şubat 2013 / ISBN 978-605-09-1257-9
Sertifika no: 11940

Kapak fotoğrafı: Fethi Karaduman
Kapak uygulama: Yavuz Korkut
Kitap tasarımı: Hülya Aktaş
İllüstrasyonlar: Duygu Tozduman
Baskı: Mega Basım, Baha İş Merkezi. A Blok
Haramidere / Avcılar - İSTANBUL
Tel. (212) 422 44 45
Sertifika no: 12026

Doğan Egmont Yayıncılık ve Yapımcılık Tic. A.Ş.
19 Mayıs Cad. Golden Plaza No. I Kat 10, 34360 Şişli - İSTANBUL
Tel. (212) 373 77 00 / Faks (212) 355 83 16
www.dogankitap.com.tr / editor@dogankitap.com.tr / satis@dogankitap.com.tr

BEYNİNE
FORMAT AT

**Sağlık, mutluluk, başarı ve tüm hedeflerine
ulaşmak için beynine format at!**

M. BARIŞ MUSLU

DK DOĞAN
KİTAP

İçindekiler

7

Kitabıma hoş geldiniz!

Her kişisel gelişim kitabı aynı iddiayla çıkar karşımıza: "Bu kitap hayatınızı değiştirecek!"

Bu kitapların ortak noktası, genelde pozitif olmak üzerine kuruludur. "Sen bir başkasın, büyük potansiyelin var. Eğer bu potansiyeli bulur ve buna inanırsan hayatın değişecek! Buna inan ve uygula!"

Hayatların yüzde kaçı değişir, bilemeyiz. Ama yıllardır okuduklarımızı farklı cümlelerle söyleyen ve hâlâ "aynı" iddiada olan birçok yeni kitap piyasaya çıktığına göre, bu kitapların başarı yüzdesinin pek yüksek olduğu söylenemez.

İlk kitabımı okuyanlar bilir, ben de benzer bir iddiada bulunmuştum. Ama söylediğim tamamen farklı bir şeydi. Sadece pozitif olmaya çalışarak hayatımızda büyük bir değişim yaratamayacağımızı, SORUNLARIN NEDENLERİNİ BULUP TEMİZLEMEMİZ GEREKTİĞİNİ söylemiş ve birtakım metotlar anlatmıştım. Ve değişikliği gerçekleştirmek için uygulama yapmanın zorunluluğundan bahsetmiştim.

Bu iddiamı ciddiye alan binlerce okurum sadece kitabı kullanarak fobi, kaygı, ağrı, sigara bağımlılığı ve benzeri birçok sorunu kendi kendilerine çözdüler. Bana e-mail, sosyal medya ya da telefon yoluyla ulaşan yüzlercesinden teşekkür mesajları aldım ve almaya da devam ediyorum.

İlk kitabı yazdıktan sonra gördüğüm farklı vakalar ve ekip olarak aldığımız sonuçlar, hem sistemi mükemmelleştirmemizi sağladı hem de aslında beynimizle doğru iletişim kurabilirsek, BEYNİN KENDİ YARATTIĞI tüm sorunları teker teker nasıl ortadan kaldırabildiğini bize gösterdi.

Bunun yanı sıra sistemin kullanımı Türkiye sınırlarını aşarak, bizzat tarafımdan eğitilen yabancı bir ekip vasıtasıyla Portekiz, İngiltere, Güney Afrika ve Brezilya'da da bu kitapta paylaştığım şekliyle uygulanıyor. Bu vesileyle davet edildiğim seminer ve eğitimlerde sistemin kurucusu olarak konuşmalar yapmanın ve eğitimler vermenin gururunu yaşıyorum. Türkiye'den çıkmış bir sistemin yaratıcısı olarak bu sistemin, gelecek yıllarda daha da yayılmasını sağlamak bana inanılmaz büyük bir mutluluk verecek...

Bu arada katıldığım bir canlı yayında, belki de dünyada bir ilke imza atarak bir "fobi geçirme" denemesini başarıyla tamamladım. Aslında böyle bir olayı canlı yayında izlemek de insanların sisteme güvenini sağladı, sonuna kadar sebat etmeleri için motivasyon yarattı.

18 yıl önce başladığım yolculuğumun ikinci ve daha olgun bir "meyvesiyle" karşı karşıyasınız. İlk kitabım iddialıydı, okudukça siz de göreceksiniz, bu kitabım çok daha iddialı!

Karşınızda canlı yayında fobi geçirecek kadar gözünü karartmış, sistemine ve ekibiyle aldığı sonuçlara güvenen, bunu detaylarıyla paylaşmak isteyen bir yazar var!

Size hayatınızda yolunuzu tıkayan engelleri aşmanız, sağlık, mutluluk, başarı gibi tüm hedeflerinize ulaşmanız için gerçekten çok hızlı sonuç veren ve sürekli kendini yenileyen bir sistemi anlatacağım...

Bu keyifli dönüşüm yolculuğuna tekrar hoş geldiniz! Eğer bir kusurumuz olursa, şimdiden affola...

Sevgilerimle...

M. Barış Muslu
Ocak 2013

Elinizde sihirli bir değnek olsa hayatınızda neyi değiştirirdiniz?

İyi düşünün...

★ Hayatınızda birkaç anı hiç yaşamama şansınız olsaydı, bu hakkı kullanır mıydınız?

★ Peki, hangi anları silip atmak isterdiniz?

Geçmiş geçmişte kaldı diyebilirsiniz. Ancak, size hayatınızda yaşadığınız "kötü olayların" hayatınızdaki sorunları oluşturduğunu söylesem...

Yani:

- Korkularınızı
- Fobilerinizi
- Başarısızlıklarınızı
- Takıntılarınızı
- Psikolojik rahatsızlıklarınızı
- Fiziksel rahatsızlıklarınızı
- Karakterinizin iyi ve kötü yanlarını

★ Ve size bunun gerçekten böyle olduğunun garantisini versem, o zaman bu hakkı kullanmak ister miydiniz?

★ Gerçekten hangi anlara "format atmak" isterdiniz?

Hangi anlara format atmak isterdiniz?

Hayatımızın dönüm noktaları

Hepimizin hayatında dönüm noktaları var. Başarılı olduğumuz, "köşeleri döndüğümüz" noktalar için pek bir şey yapmamıza gerek yok. Peki, ama ya bizi korkutan, üzen, utandıran, suçluluk hissettiren, öfkelendiren, aşağıya çeken dönüm noktalarımız?

Şimdi sıkı durun.
Size çok önemli bir gerçeği açıklamak istiyorum:

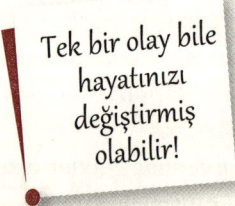

Tek bir olay bile
hayatınızı
değiştirmiş
olabilir!

Ama bu sandığımızdan daha iyi bir haber de olabilir.

Eğer böyleyse işimiz, yani o olayın beynimizde yarattığı olumsuz etkiyi temizlememiz daha kolay...

Ancak, tüm hayatımız travmalarla dolu da olabilir. Evet, itiraf ediyorum; işte o zaman işimiz biraz daha zor, ama yine de çok hızlı yol alabilir, hayatımızı daha mutlu, sağlıklı, başarılı kılmak için pek çok şey yapabiliriz.

NeuroFormat® nedir?

NeuroFormat®, kelime anlamıyla nörolojiyi formatlamak, yeniden biçimlendirmek anlamına gelmektedir. Beynin sağlık, başarı ve mutluluk için yeniden "formatlanmasını" sağlar. Benim geliştirdiğim bu sistem, özellikle son 20 yıl içinde çıkmış, çeşitli nedenlerden kitlelere tam olarak ulaşmamış birçok farklı öğretiyi kapsamaktadır.

Beyin, bizim konuşma terapileriyle yapmaya çalıştığımızdan çok daha hızlı şekillenir. Mesela, bir sürücü geçirdiği bir kaza anında, 1-2 saniyelik bir zaman diliminde araba kullanmaktan, hayat boyu korkmayı öğrenebilir. Klasik yöntemler, bu kişiyle günlerce sürecek konuşmalar yaparak araba kullanmaktan trafiğe çıkmaktan korkmamasını sağlamaya çalışır.

Beynimizin, bu durumda sakin kalmayı geri öğrenmesi için de sadece 1-2 saniyesi vardır.

NeuroFormat® sistemi, değişimi bu kısa sürede gerçekleştirmek üzerine yoğunlaşmakta; klasik yöntemlerde aylar alabilen tedaviler, bu metodoloji çerçevesinde sadece saatler içerisinde gerçekleştirilmektedir.

Bu kitapla
neler yapabilirsiniz?

Evet, itiraf ediyorum. Kitabım pek eğlenceli olmayabilir! Ama zaten amacım sizi eğlendirmek, motive etmek, yarın sabah kalktığınız zaman hatırlamayacağınız, etkisi birkaç saat ya da gün sürebilecek "ara gazlar" vermek değil! Zaten bunu hakkıyla yapan binlerce kitap olduğunu ve yine de etkilerinin çok sınırlı kaldığını düşünüyorum.

Bu kitapta amacımız tamamıyla SORUN ÇÖZMEK!

Ama sorun çözmek için de, sorunun ne olduğunu tespit etmek, nedenini teşhis etmek, sorunu nedenleriyle ortaya çıkarmak ve onları temizlemek gibi adımları atmamız gerekiyor.

Bahsettiğim adımlar pek de keyifli olmayabilir. Sonuçta sorunla yüzleşmek, bazı olumsuz duyguları kısa süreli de olsa yaşamak gibi bir süreçten bahsediyorum. Evet, çok kısa sürelerde kalıcı çözümlere ulaşacağız, hedefimiz büyük ama temizleme sürecini yaşamadan bunlara ulaşmamız mümkün değil!

Amacımız sorunlara kısa süreli odaklanarak onları hayatımızdan tamamıyla atmak. Mesela, yerdeki bir taşı fırlatıp atmak için önce yerini tespit etmemiz, elimize almamız ve son olarak da güç kullanarak elimizle fırlatmamız gerekiyor.

Bu kitapta yapacaklarımız da tamamıyla aynı...

İlk kitabım *Yıka Beynini*'yi okuyan ve özellikle konuya ilgi duyanlar, hayatımızda yaşadıklarımızı neden yaşadığımızı anlatan detaylı bir teorik bölüm bulmuşlardı. Bu kitapta daha az teoriden bahsetmeye çalışacağım. (Yine de söz veremem ☺). Ama önceki kitabımda uzun uzun anlattığım teorilerin özünde yatan ve sorun çözme odaklı olan her şey bu kitapta da var. Bu uzun teori anlatımlarını kaçırdığınızı düşünmeyin sakın.

İlerleyen sayfalarda, hayatımızda hepimizin yaşadığı ya da yaşayabileceği birçok sorunu "beynimizin yardımıyla" (aslında beynimize devreye girmemesini söyleyerek) nasıl çözeceğimizi bulacaksınız.

Aşağıda doğru uygulamalarla çözüm bulabileceğiniz konuların bazılarını bulabilirsiniz. Ama unutmayın, bu listede göremediğiniz pek çok sorunun çözümü de yine NeuroFormat® yöntemiyle mümkün.

Beynimize format atarak çözebileceklerimiz

- Profesyonel başarı
- Spor ve sahne performanslarının arttırılması
- İlişkiler
- Utangaçlık
- Tüm fobiler – yükseklik, uçak, yılan, kedi vb
- Topluluğa karşı konuşma
- Travmatik olaylar
- Korkular ve endişeler
- Bir yakının kaybı
- Aşk acısı
- Suçluluk, öfke temizliği

- Migren - fibromiyalji
- Ağrılar
- Panik atak - kaygı bozuklukları
- Obsesif kompulsif bozukluklar
- Depresyon
- Dikkat bozukluğu, hiperaktivite
- Strese bağlı şikâyetler
- IBS (Hassas Bağırsak Sendromu)
- Tüm psikosomatik şikâyetler
- Kilo sorunları
- Sigara bağımlılığı
- Uykusuzluk hastalığı
- Vajinismus

Dediğim gibi çözebileceklerimizin listesi bununla sınırlı değil. Beynin sağlığımız üzerindeki etkisini daha iyi anladıkça, çoğu fiziksel rahatsızlığın aslında beyinde başladığını ve çözümünün de beyinde olduğunu idrak ettikçe, YAPABİLECEKLERİMİZİN BİR SINIRININ OLMADIĞINI göreceksiniz.

Bu arada kitabın bazı bölümlerinin sizi fazla ilgilendirmediğini düşünebilirsiniz. Fobiniz yoksa çeşitli fobileri nasıl geçirebileceğinizi okumak istemeyebilir, belli bir konuda kaygınız yoksa o bölümle ilgilenmeyebilir, öfkeli birisi olmadığınızı düşünüyorsanız bu konuyu pas geçebilirsiniz.

Açıkçası bu kitabı başından sonuna okumanız gereken bir kitap olarak düşünmeyin. Kitaptan almanız gereken iki önemli unsur var.

Birincisi, sizinle paylaşacağım NeuroFormat® tekniğinin uygulaması. Tabii ki daha önce görmediğiniz bir uygulamayı, yazılı bir şekilde öğrenmeye çalıştığınız için ilk seferde karışık gelebilir. Özellikle tekniğin detaylı açıklamasının bulunduğu bu bölümü bir "kullanım kılavuzu" olarak, tamamıyla idrak edene kadar okuyun. Aslında, uygulamaya başladığınızda ve pratik kazandıktan sonra ne kadar kolay olduğunu göreceksiniz! Sizden hayatınızı değiştirme yolunda birazcık sabır ve sebat bekliyorum, uyarayım.

Diğeri ise, NeuroFormat® tekniğini hangi konuda nasıl uygulamanız gerektiği. Hangi konulara yöneleceğinizde serbestsiniz. Tüm bölümleri okumayı seçmeyebilirsiniz. Ancak yine de, sizi tam olarak ilgilendirmediğini düşündüğünüz bir konuda da, işinize çok yarayacak bir "püf noktası" yakalayabilirsiniz.

Bu kitapta size kişisel gelişim kitaplarının yarattığı "toz pembe" hayatlardan, boş vaatlerden söz etmiyorum.

Bu kitabım piyasaya çıkmadan yaklaşık bir sene önce, önemli bir "doktor programında" canlı yayında fobi geçirecek ve en önemlisi buna cesaret edebilecek kadar büyük bir iddiadan bahsediyorum! Evet, tüm sorunlar ve bu sorunları ortadan kaldıracak uygulamalar canlı yayında bir saat içerisinde temizlenecek kadar "net" olmayabilir. Ancak, yine de doğru teşhis ve uygulamayla hiç beklemeyeceğiniz kadar mucizevi sonuçlar alabilirsiniz.

Bu, 30 senedir hiçbir şekilde durmamış, çığlık şiddetinde tecrübe edilen bir hıçkırıktan 20 seneden beri hayatı yaşanılmaz hale getiren bir IBS (Hassas Bağırsak Sendromu) rahatsızlığına kadar birçok durumu kapsayabilir. Aslında sorununuzun özellikle de belli bir olumsuz olaydan sonra başladığına kanaat getirdiyseniz, çözme ihtimali "imkânsız" görünen durumlar için bile büyük umut ışığı olduğunu söyleyebilirim.

Sizinle birazdan paylaşacağım sistemin hayatınızı değiştireceğine tüm kalbimle inanıyorum. Ancak bunun geçerli olabilmesi için sebat etmeniz çok önemli. Bu kitabın bir tek sefer okunarak, uygulanmadan geçilen diğerleri gibi değil, hayat boyu başvurduğunuz bir başucu kitabı olması gerekiyor.

Evet, hayatınızı değiştirmek konusunda iddiaları benzer yüzlerce kitap ve sistem olduğunu biliyorum. Ama eğer bana teşekkür etmek için ulaşan, bu yöntemle hayatlarındaki büyük bir sorunu çözmüş ve daha sonra başlarına gelebilecek olası sorunları da nasıl çözebileceğini öğrenmiş binlerce kişiden biri olmak isterseniz bu sisteme şans verin. Lütfen, sadece denemek için değil, "ısrar etmek" adına normalde "şans verdiğinizden" daha fazlasını verin.

Bu süreç sonunda; hayatınızda yaşadığınız birçok "olumsuzluğu" değiştirmek adına belki de şu ana kadar elinize geçen en önemli "aracı" bulduğunuzu göreceksiniz.

"Her şey beyinde" klişesi

Tıpta yıllardan beri değişen fikirlerin, trendlerin farkına varmışsınızdır siz de. Gün geçtikçe tıp sistemi, beynin tüm rahatsızlıkların başlamasında ve temizlenmesindeki önemini kavramakta, ama bunu çoğu hastalığın nedenini "strese" bağlayarak yapmakta...

Genel yargı, stresin bir şekilde vücudu, normal işleyişi bozduğu, kalp krizinden şeker hastalığına, hatta kansere kadar birçok rahatsızlığın tetiklenmesinde etkisinin olduğu... Ancak, "stres neden vücutta değişikliğe sebep oluyor" ya da "yaşanan spesifik olaylar vücudu nasıl etkiliyor" benzeri çalışmalar bir türlü yapılmıyor.

Ben bu kitapta çok daha farklı bir şey söyleyeceğim. Aslında çoğu rahatsızlığın beyinde başladığını, beynin nasıl tehdit olarak gördüğü olaylara ilkel tepkiler verdiğini, tedbirler aldığını ve normal işleyen düzeni değiştirerek sorunlara sebep olduğunu size anlatacağım. Yaşanmış olayların, geçmiş bitmiş olsalar da, beyinden silinmediklerini, zaten bu yüzden de beynin tepki vermeye devam ettiğini, rahatsızlıkların sürmesine bir şekilde neden olduğunu ortaya koyacağım. Hatta spesifik sorunların, spesifik olaylardan sonra yaşandığını, bu bakış açısıyla bakmakla, imkânsız gözüken sorunlara dahi çözüm bulabileceğimizi anlatacağım.

Bazı yaşanmışlıkları, çok kötü olayları o kadar derin bir seviyede "formatlayacağız" ki, onlardan dolayı ortaya çıkan sorunlar da kendiliğinden temizlenecekler.

Bilim dünyası, beynin tüm sorunlarımız üzerindeki önemini yeniden keşfettikçe zaten bu noktaya kendiliğinden gelecektir. Ama neden "50 yıl" kaybedesiniz ki?

Neden 30 dakika?

Beyninizi belli bir konuda "formatlayabilmek" için gereken süre ortalama sadece 30 dakika ya da bazen daha da kısa. Evet, 30 dakikada beyninizi tamamen "fabrika ayarlarına" geri döndüremeyiz. Ancak, NeuroFormat® sistemini doğru uygulayarak 30 dakika içinde bir fobinizi yenebilir, bir kaygınızdan kalıcı olarak kurtulabilir, bir konuda algınızın otomatik olarak değişmenizi sağlayabilir, kendinizi iyi hissetmediğiniz bir konuda güven hissetmeye başlayabilirsiniz.

30 dakika olmasının diğer nedeniyse, sizden belli bir süre boyunca günlük 30 dakikayı bu işe ayırmanızı istiyor olmam. Yavaş yavaş, (yine de diğer yöntemlere göre oldukça hızlı bir şekilde) fabrika ayarlarına yaklaşabilmek, eski mutlu, sağlıklı, korkusuz, kaygısız günlerinize dönmek adına bu günlük 30 dakikanın, hayatınızda herhangi bir işe harcadığınız en verimli dakikalar olacağını size garanti ederim.

Sizinle bir plan yapacağız ve hayatınızdaki belli sorunları birer birer temizleyeceğiz.

Ancak, hepimizin başlangıç seviyeleri, yaşları, sorunları, yaşadıkları, mutluluk, sağlık durumları, hayattan beklentileri farklı. İşte bu yüzden, bazılarımızın işi daha önce bitecek, bazılarımız daha fazla temizlik yapmak zorunda kalacak. Yine de, yaptığımız uygulamalar başlangıç seviyemiz ne olursa olsun, hepimizin hayatında çok büyük değişiklikler yaratacak.

Şimdi, böyle bir temizlik harekâtına neden ihtiyaç duyar hale geldik çok kısaca irdeleyelim...

İşte yapmamız gerekenler!

Tüm öğrendiklerimizden hangilerinin "bizim" için, hangilerinin "mevcut düzenin devamı"nı sağlamak adına öğretildiğini sorgulamak ve farkı bilmek...

Ve aslında sorgulamamamız istenen tüm öğretilerin, bizim için değil "düzenin devam etmesi" için öğretildiğini anlamak...

Biz nasıl biz olduk?

Hiç düşündünüz mü? Biz nasıl biz olduk? Bizi biz yapan nedenler genetik mi? Annemiz babamız yüzünden mi böyleyiz? Görüntümüz için bunu sorgulamaya zaten gerek yok! Her şeyin suçlusu onlar yani ebeveynlerimiz! ☺

Peki ya karakterimiz, korkularımız, kaygılarımız, rahatsızlıklarımız?

Evet, tabii ki bunlarda da anne babamızın etkisi var. Ama ailemizin bizi yetiştirme tarzlarının üzerimizdeki etkisi, genleriyle geçirdiklerinden çok daha fazla.

Hamilelik, doğum, 0-3 yaş arası, 3-6 yaş arası, 6-12 yaş arası. Arası da arası... Bizi biz yapan o kadar çok farklı dönem ve an var ki, hayatımız boyunca o kadar çok şey yaşıyoruz ki... Ve o kadar çok şeyi YAŞADIKLARIMIZDAN ÖĞRENİYORUZ ki!..

Bizi sevenler, kendilerince bizim iyiliğimiz için BEYNİMİZİ YIKADILAR da yıkadılar. Başkaları ise onlara zarar vermememiz ve mevcut düzeni devam ettirmemiz için yaptılar bunu... Birilerinin beynimizi yıkaması için öyle çok neden var ki!

Durup şöyle düşünmek lazım, acaba öğrendiklerimizin hangileri gerçekten bizim için, hangileri başkaları için öğretildi?

Peki, hiç kendi kendinize düşündünüz mü? Yine aynı anne babadan doğmuş olsanız da, çok küçük yaşta hiç öğrenemeyeceğiniz bir şekilde evlat edinilip farklı bir ailede, çok farklı bir ülkede yetiştirilseydiniz, nasıl bir "siz" ortaya çıkardı?

Nasıl bir karaktere, hangi dile, dine, inançlara sahip olurdunuz? Bence çok farklı bir "siz" olurdunuz...

Bu örneği, bizim "biz" olmamızda aslında yaşadığımız olayların ve başka insanların ne kadar etkili olduğunu gösterebilmek adına verdim.

Umarım kendinizden, ailenizden, çevrenizden, tüm hayatınızdan çok mutlusunuzdur. Ama şunu kabul etmek gerekir ki, bize ait hiçbir şeyi aslında kendimiz seçmiyoruz. Tüm kararlar küçük yaşlarda daha "aklımız ermezken" bizim adımıza verilmiş oluyor. Bizim daha sonra tek yaptığımız, içinde yaşadığımız bu bedeni, hayatı, çevremizdeki her şeyi kabul edip arkasında durmak oluyor.

Tabii ki kabul ederek, arkasında durarak yapabileceğimizin en doğrusunu yapıyoruz... Zaten başka bir şansımız da yok. Kimseye küçük yaşta yeni bir hayat için ne farklı bir tercih, ne de yeni bir şans veriliyor...

Yine de artık doğrusunu biliyoruz... Ve de yaşadığımız tüm kötü olaylar artık geçmişte kaldı. Neden hayatımızı ve kendimizi doğru bildiğimiz şekilde değiştiremiyoruz?

Kabul ediyorum; hayatımızı tamamıyla değiştirmek için bizim dışımızda, doğrudan elimizde olmayan başka etkenler de var.

Ya kendimize düşeni yapmak?.. Kendimizi değiştirmek?..

Artık doğrusunu biliyorsak, neden karakterimizin beğenmediğimiz yönlerini kendi istediğimiz şekilde değiştiremiyoruz?

Zaten bunun için birçok kitap okuyup durmuyor muyuz? Ve zaten okuduğumuz kitaplar da bildiğimiz gerçekleri söyleyip durmuyor mu? Neden bildiğimiz şeyleri sürekli farklı kaynaklardan duymaya ihtiyaç duyuyoruz? Bu ihtiyacımızı da karşılamamıza rağmen neden "kalın kafalı" beynimiz bir türlü öğrenip uygulamaya geçmiyor?

Hepimiz hayatımızın aslında çok da uzun olmadığını biliyor ve bir şekilde hayatımıza mutlu olarak devam etmek istiyoruz.

Hiç düşündünüz mü, hayatımızda bizi mutsuz etmesi gereken hiçbir durum yokken, neden bir türlü mutluluğu yakalayamıyoruz?

Geçmişte bir olay var... Belki biraz da suçluyuz, bunu da biliyor ve kabul ediyoruz. Peki, aslında hepimiz "mükemmel" insan olmanın mümkün olmadığını, "hatasız kul olmadığını" bilmemize rağmen neden bu olaylara takılıyor ve onlara üzülmeye devam ediyoruz?

Ya kaygılarımız, korkularımız?.. Korkusuz olmak tabii ki mümkün değil.

Peki, korktuğumuz şeyin gerçekte mümkün olmadığını, korkmamız için bir neden olmadığını bilmemize rağmen neden korkmaya devam ediyoruz sizce?

Ya da olası en kötü sonucun gerçekleşmesi halinde bile aslında bunun çok da önemli olmayacağını bilsek de neden hâlâ "ölçüsüz" şekilde kaygı duyuyoruz?

Fobilerimiz başlı başına bir derya...

Mesela, açık bir restoranda yemek yerken, sırf aşağıda bir yerlerden kedi geçtiği için yemek masasının üstüne çıkacak kadar paniğe kapılan birini hiç gördünüz mü?

Ya da asansörde kalmamak için, 20. katta oturan bir yakınının evine gitmeyen ya da 20 katı merdivenlerden inen çıkan birini?

Tünellere, köprülere giremeyen, uçağa, feribota, otobüse binemeyen, hatta korkular yüzünden evinden çıkamayan insanları?

Eminim görmüşsünüz, duymuşsunuzdur... Ve aslında bu durumlar tahmin ettiğinizden çok daha yaygın...

Daha uç bir örnek verelim. 2000'li yılların o müthiş filmi *Akıl Oyunları*'nı (A Beautiful Mind) seyretmeyen, Nobelli matematikçi John Nash'in hikâyesini bilmeyen yoktur neredeyse.

İzlemeyen varsa, küçük bir "spoiler" yapalım. Filmin ilk yarısında tam bir ajan filmi izlerken, ikinci yarıda aslında daha önce gördüklerimizin sadece John Nash'in hayalinde yaşandığına, onun ileri derecede bir şizofren olduğuna şahit olmuştuk.

Özellikle ekonominin önemli yapıtaşlarından "oyun teorisi"ni bulan dâhi matematikçi John Nash'in kendi beynini kontrol edemediği bir hayat yaşamış olması oldukça üzücü... Bu konuda onun yalnız olmadığını, dünyada benzer sorunlar yaşayan milyonlarca insan olduğunu biliyoruz.

Ama biz sadece uç örnekler için değil, genel için bir soru soralım...

Gerçekten beynimizi
kontrol edebiliyor muyuz?

Bu arada uyarmak isterim: "Beynimizi kullanabiliyor muyuz ya da yüzde kaçını kullanıyoruz?" manasında sormadım bu soruyu. Asıl sormaya çalıştığım, bizi ve bedenimizi yöneten beyni kontrol edebiliyor muyuz? Yoksa daha çok o mu bizi kontrol ediyor?

Buna vereceğim cevap bizim adımıza hem üzücü hem de umut verici...

Üzücü olan yanı şu: Biz beynimizi değil daha çok o bizi kontrol ediyor.

Umut verici kısımsa:

Eğer beynimizi daha yakından tanır ve onun bizi kontrol etme prensiplerini öğrenebilirsek hayatımızda çok büyük değişimler sağlayabiliriz.

Şimdi onu daha yakından tanıma zamanı...

İlerleyen sayfalarda sizinle paylaşacağım bazı bilgiler, özellikle bu konuyla çok ilgili okurlarımda "Yahu biz bunları zaten biliyoruz" tepkisi yaratabilir. Ancak, size anlatacağım tekniğin gerçek anlamda kavranması için bu tekrarın gerekli olduğunu düşünüyorum. Eğer hayatınızı değiştirmek gibi bir isteğiniz varsa bence bu konulara aşina olsanız bile bir kez daha okuyun!

Ayrıca bu kısa tekrar içinde, henüz yaygın literatürde bulunmayan, beynimizin hiç bilmediğiniz önemli yönlerine dair taptaze bilgiler bulacağınız sözünü de verebilirim.

Bu bölümü bitirdiğinizde NeuroFormat® Beyin Modeli'ni yakından tanıyarak, aslında duygularımızı neden yaşadığımızı ve sonrasında onları nasıl değiştirebileceğimizi göreceksiniz.

Hadi başlayalım...

BEYNİMİZ
NASIL ÇALIŞIR?

Beynimiz

Beynimizin gizemlerinin henüz çözülemediğini hepimiz biliyoruz. Biz yine de beyin gibi "karmaşık", "ucu bucağı" olmayan bir deryaya sadece bu kitabın anlaşılmasını daha kolay kılacak ölçüde bakacağız. Bunu yapmaktaki tek amacımız sonraki uygulamalarda neyi neden yaptığımızı daha iyi anlamak.

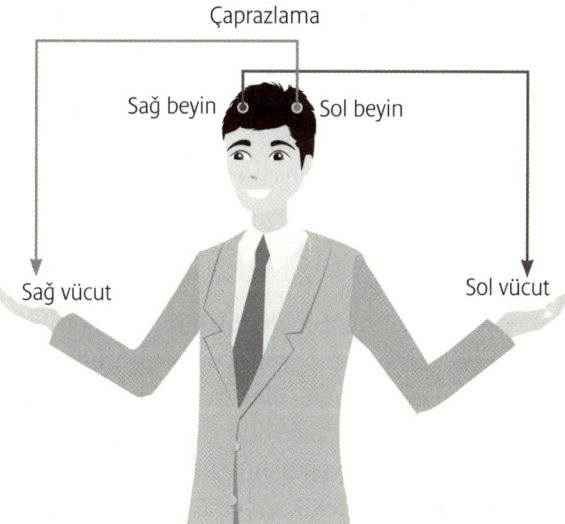

Çaprazlama

Sağ beyin   Sol beyin

Sağ vücut   Sol vücut

Sağ ve sol beyin

Beynin çok farklı bölümleri var elbette, ama en temel ayrım SAĞ ve SOL beyin olarak yapılıyor.

Sağ beyin, çapraz olarak vücudun sol tarafını, sol beyin ise sağ tarafını kontrol ediyor. Beynin bu iki tarafı, aşağıda görebileceğiniz görevleriyle, birbirleriyle zıt ama bir o kadar tamamlayıcılar.

SOL BEYİN   SAĞ BEYİN

Mantık	Duygular
Dil	Resimler
Analiz	Yaratıcılık
Detaylar	Bütün
Düzenli / Kontrollü	Özgür
Dışa dönük	İçedönük
Hesap	Sanat

Sol beyin analiz, mantık, dil, hesap gibi daha "sıkıcı" görevlerden sorumluyken, sağ beyin duygular, yaratıcılık, sanat, resim gibi birçok "eğlenceli" yönü kapsıyor.

Bunun dışında sağ ve sol beynin çok bilinmeyen iki farklı özelliği var.

Sağ beyin erkek, sol beyin kadın

Sağ beyin erkek, sol beyinse kadın olarak nitelendiriliyor. Yaşanılan çok kötü bir olayla, sağ beynin büyük bir travmanın etkisine girmesi kişide erkek hormonu olan "testosteronun" baskılanmasına sebep oluyor. Eğer travma sol beyinde gerçekleşirse, kadın hormonu olan "östrojen" baskılanıyor.

Yukarıda paylaştığım bu özellik aslında, insanların yaşadıkları büyük travmalara göre, daha erkeksi ya da kadınsı olabilmelerinin açıklamasını da içinde barındırıyor.

Sağ beyin depresif, sol beyin manik

Sağ ve sol beynin diğer özellikleri sağ beynin "depresif", sol beyinse "manik" olması...

Zaten sağ beynin duygu, sanat, içine kapanıklık gibi yukarıda paylaştığımız özelliklerinden "nasıl kolayca depresyona" girebileceğini hayal etmek zor değil. Zira "depresif" insanların sanat ve yaratıcılık konusunda ne kadar başarılı oldukları da bilinen bir gerçek.

Sol beyinse duyguların olmadığı, her şeyin mantık çevresinde çözüldüğü, çok daha dışa dönük, sosyal ve "manik" tarafımız. Manik derken; aşırı neşeden, fikirden fikre uçmaktan, paranoyak (korku dolu) kuruntulardan, hiperaktiflikten, kendine aşırı güvenden, konsantrasyonun az bulunması gibi özelliklerden bahsediyorum.

Yukarıda beynin erkek ve kadın yönlerini anlattığımız şekilde, büyük bir travmanın sağ beyinde bulunması kişiyi "depresif" kılarken, sol lobdaki travmalar "manik" özellikleri ortaya çıkarıyor.

Söylediğim gibi, beyin bir derya, hatta okyanus. Şimdilik bu detaylı konuyu burada keselim ve aslında beynimizi neden kontrol edemediğimizi inceleyelim.

Bilinç ve bilinçaltı

Bilinç, beynimizin kullandığımız, kontrol ettiğimiz, aynı anda gerçekten farkında olarak tek bir konuyu düşünebilen, değerlendirebilen yönü. Ona çok aşinayız, zaten sadece onun farkındayız...

Bilinçaltı ise geriye kalan her şey. Duygularımızı oluşturan, vücudumuzda farkında olmadan kalbimizi çarptıran, kontrol etmediğimiz ama yaşamımız için tüm temel işlemleri gerçekleştiren yönümüz.

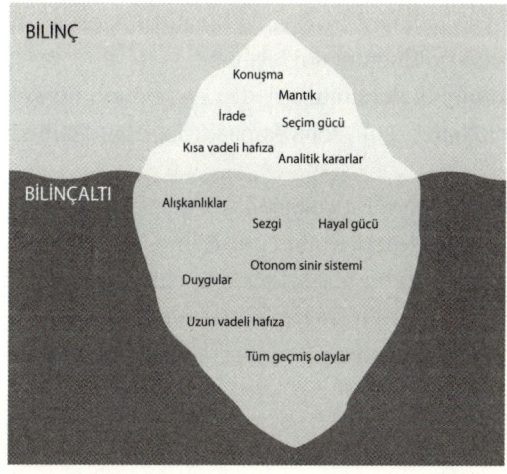

Bilinç	Bilinçaltı
• İradeye dayalıdır.	• Alışkanlıklara dayalıdır.
• Mantıklıdır.	• Duygusaldır.
• Soyut kavramları değerlendirebilir.	• Sadece duyusal girdilerle çalışır (resim, ses, his, tat, koku).
• Bilgileri sırayla işler. Saniyede 2.000 bit bilgi işleyebilir.	• Çoklu işlem yapabilir. Tüm vücut işlemlerini aynı anda yürütür. Saniyede 4 milyar bit bilgi işler.
• Olumsuz kavramını anlar.	• Olumsuzluk kavramını anlamaz, işleyemez. Bir bilgi bilinçaltının dikkatindeyse o sadece vardır.
• Zaman kavramı vardır. Dün, bugün ve yarın arasındaki farkı bilir.	• Zaman kavramı yoktur. İşlediği her şeyi o an oluyormuş gibi varsayar.
• Kısa süreli bellektir	• Uzun süreli bellektir.
• Yeni tecrübeleri yaşamaya, öğrenmeye istekli ve heveslidir.	• Yeni tecrübelere kapalıdır. Güveni ön planda tutar.
• Farkındadır.	• Farkında değildir.
• Mizah anlayışına sahiptir.	• Mizah anlayışına sahip değildir. Ciddiye alınmaması gereken bilgileri de ciddiye alır.

Bilinç ve bilinçaltının kapasitelerinin saniyede 2.000 bit ve 4 milyar bit olduğunu tabloda okudunuz. Rakamlar gerçekten de dile kolay. Çok basit bir bölme işlemiyle, bilinçaltının kapasitesinin bilincin 2 milyon katı olduğunu ve aralarındaki farkın benzetme yerindeyse İstanbul Boğazı ile bir musluktan akan su arasındaki fark kadar olduğunu söyleyelim.

Peki, bu büyük gücümüzü neden daha etkili bir şekilde kullanamıyoruz? Neden çok daha kapasitesiz olan "bilincimizle" baş başayız?

Aslında, ikisi beraber çalışmak zorunda...

Yine bir benzetmeden gidelim: Bilinç, işleme kapasitesi çok düşük ama çok zeki bir bilgeyken, bilinçaltı işleme kapasitesi çok yüksek ama değerlendirme kapasitesi olmayan bir bilgisayar gibidir. Ne verilirse onu işler.

Bilinçaltımızın "defoları"

Nasıl bir gücün bizi kontrol ettiğini, artılarının yanında eksilerini de anlayabilmek ona karşı daha hazırlıklı olmamızı sağlayacaktır. Bu amaçla bizi, hayatımızı, geleceğimizi kontrol eden bu yapının "defolarını" irdeleyelim.

- Bilinçaltımızın asıl amacı –ne yazık ki– mutlu etmek değil. Onun ilgilendiği tek konu bizi hayatta tutmak. Bunu bizi mutsuz etme pahasına yapıyor.

- Tüm vücudumuzu kontrol ediyor. Dışarıdan gelen tüm "tehditlere" yanıtlar vererek tüm sistemi canlı tutmaya çalışıyor. Ancak, hayatta tutma olayını biraz da "buluttan nem kapar" modda devam ettiriyor. Kitabın ilerleyen bölümlerinde göreceğiniz gibi bilinçaltı, tehlikeleri gereğinden fazla ciddiye alıyor.

- Özellikle hayati tehlike olduğunu düşündüğü anlarda, çevrede olanı biteni tüm detaylarıyla kaydediyor. Görüntüleri, sesleri, hisleri, tatları, kokuları, düşünceleri... Daha sonra kaydettiğine benzer uyarıcılarla karşılaştığı an "otomatik olarak" aynı tepkileri veriyor. Tek amacı bizi tehlikeden korumak. Ancak, ne yazık ki "tehlikeyi yaratan"la o an "tesadüfen o mahalden geçen" arasında pek bir ayrım yapmıyor. Kısacası, kurunun yanında hiç acımadan yaşı da yakıyor. Hatta bazen her yangın mahallinde göründükleri için tehlikeden "itfaiyecileri" bile sorumlu tutabiliyor.

- Beynimizin ve bilinçaltımızın ne kadar güçlü olduğu sürekli söylenir. Ancak bilinçaltı çok güçlü olsa da, ne yazık ki çok da akıllı değil.

- Yaptığımız en büyük yanlış, onun mükemmel bir bilge olduğunu ve bir anda son haline geldiğini düşünmek. Ancak bu doğru değil. Beynimiz yenilenmeden, şu anki ihtiyaçları planlanmadan bu hale gelmiş. Ek yazılımlar, yamalar daha eski programlara eklenmiş. Milyonlarca yıl önceki ihtiyaçlara cevap veren yazılımlar hâlâ çalışmaya devam ediyor. Bir başka deyişle yeni programlar eskilerle beraber çalı-şıyor.

- Bilinçaltımız her şeyi fiziksel olarak görüyor. Mesela işimiz, okulumuz, tuttuğumuz futbol takımı, yaklaşan bir sınav gibi daha soyut konuları anlayamıyor. O sadece fiziksel cisimler-den, tehlikelerden, gerçekten elle tutulur nesnelerden anlıyor. Kavramsal, soyut tehditlere çok ilgisiz fiziksel cevaplar veriyor. Yaptığı büyük işlerin yanında, ne yazık ki bazen saçmalıyor!

- Bilinçaltımızın zaman kavramı yok. Her şey onun için o an oluyor. Mesela geçmişteki bir olayı düşündüğünüzde, o olayın çoktan bittiğinin farkında değil. Başımızdan kötü bir olay geç-tiği ve bittiği zaman bu olay bilinçaltımızda çözülmüş olmu-yor. Kötü olayları her hatırlayışımızda bilinçaltımızda yeniden yaşanıyor ki çoğu zaman bu hatırlamalar biz farkında olma-dan gerçekleşiyor.

- Bilinçaltımız negatifleri işleyemiyor. Bir başka deyişle, aklımı-za her ne geliyorsa o bilinçaltımız tarafından "istediğimiz" ya da karşı karşıya kaldığımız bir durum olarak algılanıyor. İşte sırf bu yüzden, iyiyi düşünenler daha iyi, kötümserler daha kö-tü hayatlar yaşıyor. Bilinçaltımız, genel kural olarak, bize neye odaklanırsak bize onu yaşatıyor.

Evet, aslında sadece son 2 madde bile neden olumsuz dü-şünmememiz ve geçmişte yaşadığımız olumsuzluklara takılma-mamız gerektiğini çok iyi özetliyor.

Peki, şu andan itibaren hep olumlu ve sadece olumlu düşü-nürsek bu, hayatımızı tamamen kontrol altına almamızı sağlar mı?

Evet, olumlu düşünmenin yarattığı mucizeleri hepimiz duyu-yor ve belki de yaşıyoruz...

Ancak bu ne yazık ki yeterli değil çünkü asıl kontrol bilinçaltı-mızda. Eğer bilinçaltımızda geçmişten kalan "olumsuz" prog-ramlar çalışıyorsa ne yazık ki olumlu düşünmekle hayatımızda yapabileceğimiz değişim sınırlı olacaktır.

Heyecan duyduğumuzda kalbimiz neden çarpar?

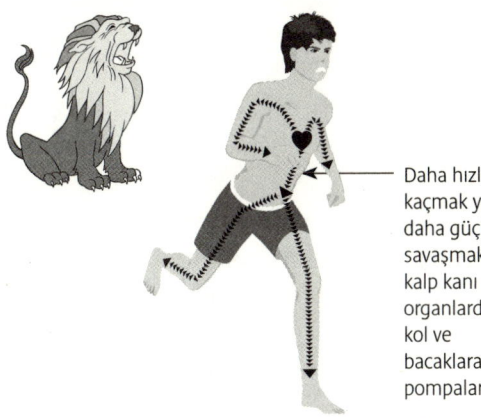

Daha hızlı kaçmak ya da daha güçlü savaşmak için kalp kanı organlardan kol ve bacaklara pompalar.

Yine tehdit altında hissederek ilkel programı devreye sokar.

Beynimizi
kontrol edemiyoruz!

Beynimizi kontrol edemememizin
en büyük nedeni aslında, ironik bir şekilde
belki de hayatımızı kolaylaştırıyor...
Nasıl mı?
Otomatik pilota geçerek...

Alışkanlıklarımız

34

Otobanda 120 km hızla araba kullanırken, aslında arabayı sanki sizin değil de bir başkasının kullandığı hissine kapıldınız mı hiç? Araba kullandığınızın farkında olmadan saatlerin geçtiği sizi şaşırttı mı?

Belki bir düşünceye daldınız ya da muhabbet o kadar koyuydu ki, araba saatlerdir kendi kendine yürüdü gitti. Belki arada vites değiştirdiniz, frene, gaza bastınız ama bunların hiçbirini bilinçli olarak yapmadınız...

Bu, beyninizin hayatı sizin için nasıl otomatikleştirdiğinin bir örneği...

Sadece araba kullanmak değil konuşmak, yazmak, okumak, klavye kullanmak, PlayStation oynamak, müzik aleti çalmak ve bunun gibi birçok becerinizi ilk öğrenirken ne kadar uğraştığınızı hatırlıyor musunuz?

Ve şu an bazı şeyleri ne kadar otomatik şekilde gerçekleştirdiğinizin farkında mısınız?

Beynimiz çok kullandığı kalıpları otomatikleştirerek bunları bilinçaltına atıyor. Bilinçaltının kapasitesi zaten bu becerileri otomatik olarak gerçekleştirmek için yeterince büyük. Böylece bu becerileri çok daha otomatik ve çok daha hızlı şekilde kullanabiliyor, bilincimizi "meşgul" etmeyerek onu yeni ve farklı konular için "hazır tutmuş" oluyoruz.

Son 20 yılda yapılan araştırmalarda, bir alışkanlığın gelişmesi için yaklaşık 3 haftalık bir sürecin gerektiği saptanmış. Sık tekrarla öğrendiğimiz her yeni beceri, davranış biçimi ortalama 3 hafta içerisinde alışkanlığa dönüşüyor.

Otomatikleştirme sürecini 4 aşamada inceleyebiliriz. Mesela, araba kullanma örneğinden gidelim:

ÖRNEK

1. Bilinçsiz yetersiz	Otomobilleri ve insanların bunları kullandığını görürsün. Belki de kullanmak kolay gelir. Zaten tek yapman gereken pedallara basıp direksiyonu çevirmektir.
2. Bilinçli yetersiz	Sürücü koltuğuna oturur denersin, her seferinde otomobil istop eder, böylece yetersiz olduğuna kanaat getirirsin.
3. Bilinçli yeterli	Çalışır öğrenmeye başlarsın. Tüm farkındalığınla, arabayı doğru kullanıp, doğru yerde vites atmaya başlarsın.
4. Bilinçsiz yeterli	Birkaç hafta kullandıktan sonra, otobanda sol şeritte gittiğin ve muhabbete daldığın bir an, saatlerdir araba kullanmakta olduğunu fark edersin.

Hayat algımız otomatik

Belli bir yaşa gelmiş birçok insanın yaşadığı ortak tecrübe olduğu için araba kullanma örneğini vermek istedim.

Bahsettiğim süreç, öğrenme süreci, hayatımız boyunca aslında yüz binlerce kez tekrarlanmış ve de (bebekliğimiz kadar yoğun olmasa da) tekrarlanmaya devam ediyor.

En son ne zaman yeni doğmuş bir bebekle vakit geçirme fırsatınız oldu? Bu zamanı geçirirken "Acaba bu bebek şu an aklından ne geçiriyor?" diye düşündünüz mü?

Bebeğin aklından geçenlerin çok da karışık olmayan düşünceler ve içgüdüsel ihtiyaçlar olduğunu söylemekte yarar var.

Dünyaya çok hızlı adapte olsak da, aslında dünyaya bir o kadar da "boş" geliyoruz. Ne yerçekiminden, ne cisimlerden, ne de insanlardan haberimiz var. Bir bebek olarak bizi yönlendiren sadece yaşamsal içgüdülerimiz.

Ve sonrasında tekrar eden "kalıplar" bizi koşullamaya başlıyor. Mesela, gördüğümüz her cismi elimize alamayacağımızı, çünkü görüş alanımızdaki tüm nesnelerin burnumuzun dibinde olmadığını tecrübe edip, görüş açısı ve uzaklık-yakınlık anlayışımızı oturtuyoruz.

Evet, belki başta capcanlı renkleri olan, çok istediğimiz bir nesneye dokunamadığımız için başlıyoruz ağlamaya. Ama sonunda bu gerçeği kabul ederek, bilinçaltımıza atıyoruz.

Bize sürekli sevgi ve yiyecek veren annemiz yan odaya gittiği zaman, onun dünyadan yok olduğunu düşünüp yine basıyoruz çığlığı... Ama sonra gelince rahatlıyoruz ve bunu da öğreniyoruz.

Sadece biz değil, bir bütün olarak vücudumuz bile bu ayrılığa tepki veriyor. Derimizi pişikler kaplıyor... Tabii buna da ağlıyoruz ☺. (Bu arada, vücudumuzun yaşadıklarımıza neden ve nasıl tepki verdiğini sağlık bölümünde detaylı olarak inceleyeceğiz.)

Bir bebek olarak tekrar eden tüm sonuçlar bize dünyanın kurallarını öğretiyor. Belli bir süre sonra dünyanın kurallarını artık sorgulamıyoruz.

Hangimiz elimizden önemli bir nesne yere düşerken, "Ya doğru, yerçekimi diye bir şey var, şimdi bu yere düşerse kırılır, ben en iyisi mi bunu havada yakalamaya çalışayım" diye analiz yapıyor?

Artık hiçbirimiz dünyayı algılama kurallarını sorgulamıyoruz. Tabii ki artık tüm bu kurallar ve verdiğimiz tepkiler bilinçaltında...

Bu otomatikleşme süreci bizi bir yandan hızlandırarak hayatta kalma ihtimalimizi yükseltse ya da sürekli tekrar eden durumlarda düşünme gereğini ortadan kaldırarak işimizi kolaylaştırsa da, beraberinde de birçok olumsuz sonucu getiriyor.

Ne yazık ki otomatikleşen sadece iyi tepkiler, özellikler değil!

Hayat algımızda ilk izlenimin önemi

İlk izlenimin ne kadar önemli olduğunu hepimiz biliriz. Genelde çok nadir olarak, insanlar hakkındaki ilk değerlendirmemizi değiştiririz. Bunun nedeni hepimizdeki "istikrarlı" olma ve kendimizle çelişmeme isteğidir. İşte bu nedenle hayattaki ilk izlenimlerimiz, hayatımızı şekillendirmeye, hayat algımızın büyük bölümünü kaplamaya devam ediyor.

Hayatımızın özellikle de ilk yıllarında nasıl bir dünyayla karşılaşırsak dünyayı o şekilde algılıyor ve algılamaya devam ediyoruz. Sadece yaşayarak da değil, çevremizde bizi etkileyen iyi ya da kötü niyetli tüm etkenler nasıl bir dünya algımız olacağını belirliyor. En başta ailemiz, arkadaşlarımız, okulumuz, medya ve daha niceleri...

Kendimiz, diğerleri ve tüm dünya hakkında birçok inanç geliştiriyoruz. Hepimiz hayata farklı renkli gözlüklerden bakmaya başlıyor ve öyle devam ediyoruz. Hayata ilk baştan kara gözlükle bakmaya alıştırılmış biri, hayatı karanlık görmeye devam ediyor.

Peki, ya aydınlık ve rengârenk gözlüklerle bakanlar?

Evet, hayatın ilk yıllarına renkli gözlüklerle giren insanlar tabii ki daha şanslılar. Ancak ne yazık ki, hayatı güzel ve renkli insanlar da dahil olmak üzere hepimiz yaşamımız boyunca kötü olaylar yaşıyoruz. Hayat, hepimizin kötü dönemler yaşamasına olanak tanıyacak kadar uzun.

Sadece yaşamak değil... Başka insanların da ne yaşadığını bizzat kendi gözlerimizle, medyadan, dizilerden, filmlerden görüyoruz. Hayat devam ettikçe hepimiz aslında "gereğinden fazla öğreniyoruz". Yaşadığımız ya da şahit olduğumuz olaylardan "gereğinden fazla tecrübe kazanıyoruz".

En yakın arkadaşlarımızın bile bizi "satabileceğini", ortak iş yaptığımız kişilerin bize kazık atabileceğini, güvenip kalbimizi açtığımız hayatımızın aşkının arkasına bakmadan çekip gidebileceğini görüyoruz.

Aslında hayatın boyama kitaplarından, finalde iyi insanların sonsuza kadar mutlu bir şekilde yaşadığı masallardan, hep mutlu sonla biten Amerikan filmlerinden ibaret olmadığını öğreniyor ve algımızı buna göre değiştiriyor, kendimize çok daha "korunaklı" bir hayat kuruyoruz.

Yıkmak her zaman yapmaktan çok daha kolaydır. Yılların karizması canlı yayında anlık bir sendelemeyle dağılabilir, yapımı yıllarca süren ikiz kuleler bir saat içinde yerle bir olabilir, 60 yıl nice emekler verilerek yetişen bir devlet adamı tek bir kurşunla saniyeler içerisinde hayatını kaybedebilir, iki kişi arasında yıllar boyu sevgi ve emekle oluşturulan güven tek bir olayla bozulabilir...

Daha şanslı görünen, hayata "renkli" gözlüklerle bakanlar da tek bir olayla dahi bu özelliklerini ne yazık ki kaybedebiliyorlar.

Çoğumuz aslında yaşadığımız kötü olaylarla "gereğinden fazla öğrenip", daha sonraki hayatımızın neden eskisi kadar mutlu geçmediğini, keyif vermediğini ya da sağlıklı bir şekilde sürmediğini sorgulayıp duruyoruz. Yaşadıklarına rağmen, olumlu bakışını değiştirmeyen, eski hayat keyfini koruyan "şanslı" insanlar ne yazık ki azınlıktalar.

Demek ki tek bir olay bile hayata bakışımızda büyük değişikliklere sebep oluyorsa, bilinçaltımızın bu özelliğine yakından bakmak gerek.

Yani beynimizin başlattığı programlara...

Beynimizin başlattığı programlar

Önceki satırlarda yılların büyük emekleriyle oluşan eserlerin nasıl saniyeler içerisinde yıkılabileceğinden örnekler verdik. Ne yazık ki aynı süreç bizler için de geçerli. Yıllar boyu yarattığımız çok olumlu bir "hayat algısı" tek bir olayla yıkılabiliyor. Evet, her büyük olaydan sonra tüm hayatımız mahvolmuyor belki, ancak çok "travmatik" bir olay hayatımızda büyük değişikliklere sebep olabiliyor.

Büyük bir araba kazası sonrasında artık direksiyon başına geçemez oluyoruz, çok büyük bir "kazık yeme" tecrübesiyle insanlara güvenmemeyi öğreniyoruz, çok acı bir terk edilme süreciyle karşı cinse "öfke duymaya", çok sevdiğimiz bir yakınımızın kaybıyla kendimizi güvende hissetmemeye başlayabiliyoruz. Aslında çok kötü olayların arkasından ironik bir şekilde "hayat insanlar için" diye bir söz söylenir. Gerçekten de hepimiz hayat boyunca büyük olaylar yaşıyoruz.

Ne yazık ki sonsuza kadar hiç kesintiye uğramamış bir mutluluk sürmek dünyanın en "şanslı" insanı için bile mümkün değil.

Kötü olaylar geçse ve her zaman olduğu gibi
"hayat devam etse de"
beynimizin aşırı korumacı yanı yüzünden
etkilerini bir hayat boyunca yaşıyoruz.

Bu konuyu özellikle, kitabın sonunda bulunan sağlık bölümünde detaylı olarak inceleyeceğiz. Herhangi bir sağlık sorununuz olmasa bile beynimizin ve yaşadığımız olayların vücudumuza etkisini anlamak açısından bu bölümü okumayı asla "ihmal etmemenizi" tavsiye ederim.

Daha sonra detaylı olarak ele alacağımız gibi, beynimiz yaşadığımız çok büyük travmaları gereğinden fazla ciddiye alarak üç farklı boyutta tepki veriyor. Psikoloji, beyin ve organ boyutu. Beynimiz bu üç farklı alanda da eşzamanlı devam eden "biyolojik programlar" başlatıyor. Bizi tamamen ilkel bir şekilde koruma amacı taşıyan bu biyolojik programlar, milyonlarca yıl öncesi için geçerli olsalar da şu an ki hayatlarımız için çok da "manalı" değiller.

Yaşanan kötü olayla ilgili tehlike alarmı beynimizde canlı olarak kaldığı ve biz hep bu olayı tekrar yaşamaktan korktuğumuz sürece (bilinçaltımızın zaman kavramı olmadığını hatırlayalım) bu programların etkilerini yaşamaya devam ediyoruz.

Bu arada yeri gelmişken, Nietzsche'nin "Seni öldürmeyen şey güçlü kılar" sözünün aslında söylenişi çok "şık" olsa da, geçerliliğinin pek de fazla olmadığını belirtmek gerek. Bu konunun şimdilik detaylarına girmeden, çok büyük travmatik olayların çok büyük olumsuz duygular yarattığını, bunların da hayatımızda kalıcı ve derin izler bırakabildiğini hatırlatalım.

Bir kişisel gelişim kitabından beklenmeyecek ölçüde olumsuzluklara odaklandığım düşünülmesin! İşte iyi haber: Bu kitabın en güçlü yanı da zaten işte bu tarz travmaların beyindeki etkisini çok kısa sürelerde temizlemek ve hayatınızdaki en önemli değişimleri gerçekleştirmek için size yol göstermek olması. İlerleyen sayfalarda, yaşadığınız şiddetli, kötü olayların yarattığı programları birer birer kapatacağız!

Aslında, beynimizde arkada çalışan ve gerektiği zaman ön plana çıkan binlerce program var. Kitabımızın başında kedi fobisi olan ve kedi gördüğü için masanın üstüne çıkan insanlardan bahsettik. Bu insanlar, bu davranışı "nasıl bir mantık içerisinde" gerçekleştiriyor?

Tabii ki ortada hiçbir mantıklı değerlendirme yok. Kişi bu tepkiyi otomatik olarak veriyor. Arka planda çalışan ve bizi "tehlikeli kedilerden" korumaya çalışan program, uygun ortamda aktiflenerek böyle bir davranış gerçekleştiriyor.

Siz hiç kendine inanılmaz güvenen, bire bir iletişimi muhteşem bir "ağır abinin" topluluk karşısına çıktığında sesinin ve ellerinin titrediğine şahit oldunuz mu?

Ben oldum. Bana sıkça gelen ve kolaylıkla çözüm bulduğumuz bir konu. Ama asıl soru şu: Ne oluyor da bire birde "destanlar" yazan bu kişinin, toplulukla karşı karşıya kaldığında eli ayağı birbirine dolanıyor?

Muhtemelen ilkokulda, öğretmenin sorduğu bir soruya yanlış cevap vermesi ve belki sınıftaki tüm çocukların ona gülmesi sonucu yaratılan bir program, benzer bir ortam bulduğu an çalışmaya başlıyor. "Tehlike var kaç oradan!"

Peki, çok ilgisiz fobileri olan insanları duydunuz mu?

Mesela, 90'lı yılların popüler komedi yıldızı Eddie Murphy'den korkan birini?.. Evet, yanlış okumadınız, Eddie Murphy fobisi olan birinden bahsediyorum. Ben gördüm!

Ya da çoğu küçük çocuğun sevgilisi bir palyaço gördüğünde bağırmaya başlayan insanlar olduğunu biliyor muydunuz?

"Nasıl yani?" dediğinizi duyar gibiyim.

Bu soruyu cevaplamak için beynimizin "mantıksız otomatik tepkilerini" inceleyelim.

"Mantıksız" otomatik tepkilerimiz

Psikolojiyle ilgiliyseniz Pavlov'u mutlaka duymuşsunuzdur. Hani şu "köpek, et, zil ve salya" hikâyesini... Bilmeyenler için kısaca üzerinden geçelim.

Rus fizyolog Ivan Pavlov'un yaptığı deney sırasında, köpeğe ilk olarak birkaç kez zil çalınır. Fakat köpek tepki vermez. Sonradan et verilir. Köpeğin doğal bir şekilde salyaları akar. Sonra verilen et ile birlikte zil çalınır. Daha sonra et verilmediği halde zil çalındığında köpeğin salya salgıladığı görülür.

Bir başka deyişle köpek, her zil çalındığında salya salgılamaya şartlanmıştır. Aslında ilk duyduğumuzda çok da anlamlı gelmeyen, bu önemsiz gibi gözüken deney, neden "hissettiğimiz şekilde hissettiğimiz" konusunda bir devrim niteliği taşıyor.

Nasıl mı?

Beynimiz milyonlarca yıldır benzer ama ilgisiz bir şekilde "zil" ve "salyalar" arasında bağlantılar kuruyor. Fobilerimizin, nedenini bilmediğimiz iyi ya da kötü duygularımızın, tercihlerimizin altyapısında bu eşleşmeler yatıyor. Aslında psikolojide "şartlı refleks" olarak bilinen bu tepkilere ben "mantıksız otomatik tepkiler" adını veriyorum. Biraz önce bahsettiğim gibi bir komedi yıldızından ya da bir palyaçodan fobi derecesinde korkma durumunu "mantıksız otomatik tepkiler" üzerinden açıklayabiliriz. Biraz daha detaya inelim...

Beynimizde nedenleri farklı olsa da, aynı anda ateşlenen nöronlar (beyin hücreleri) arasında bağlantı kuruluyor.

Hangi nöronların aynı anda tetikleneceği tamamıyla şansa kaldığı için, aslında hangi nöronların birbirine bağlanacağı da kaderin "cilvesine" kalıyor...

Bunu açıklamak için bir örnek vereyim: Eğer bizi köpek kovaladığı için korkumuzun "tavan" yaptığı bir anda, zemin kattaki bir dairenin televizyonunda Eddie Murphy'nin görüntüsüne gözümüz takılırsa, Eddie Murphy fobimize ilk adımımızı atabiliriz ☺.

Aslında beynimiz yine hayatta bırakma içgüdüsüyle böyle bir düzeni uyguluyor. Özellikle duyguların çok yoğunlaştığı (onun hayat tehlikesi olarak algıladığı) anlarda, çevreyi (görüntü, ses, his, tat, koku) çok hızlı bir şekilde kayda alarak, o etkenlerden herhangi biriyle başka bir zaman karşılaştığı zaman önlem almak istiyor.

Şartlandırmaların gücü

Yeri gelmişken, bu şartlanmaların ne zaman çok daha güçlü kurulduğunu irdeleyelim. Güçlü şartlanmalar için üç önemli değişken bulunuyor: Yoğunluk, zamanlama ve tekrar sayısı.

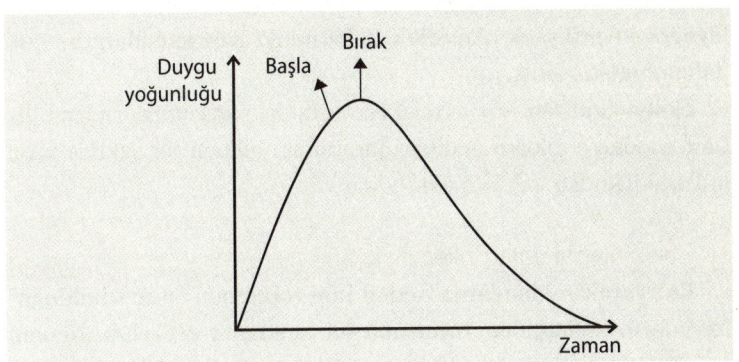

Bunlardan en önemlisi duygunun ne kadar yoğun olduğu. Yaşanan duygu ne kadar yoğunsa, o an ateşlenen ve mantıksız tepkileri yaratan diğer nöronlar arasındaki bağ o kadar güçlü oluyor.

Güçlü bağlantılar kurulması için zamanlamanın tam duygunun yoğun olduğu 2-3 saniye içerisinde yapılması gerekiyor. Duygunun en yoğun olduğu 2-3 saniye boyunca anlık olarak ortaya çıkıp sonra kaybolan etkenler, çok daha güçlü şartlanmalar yaratıyor.

Eğer çok yoğun duygular yaşanmıyorsa, tekrar sayısı önem kazanıyor. Duygunun yaşandığı olay ve "tetikleyicinin" şartlandırılması tekrar edildikçe bağlantının gücü artıyor.

Şartlandırmalar duygularımızı şekillendiriyor

Hayır, sadece olumsuz duygular değil, tüm hayatımız bu şekilde işliyor. Kendimizi çok iyi hissettiğimiz an çevremizdeki her şey, daha sonra bize benzer şekilde iyi hissettiriyor. Sevdiğimiz yiyecekler, giyecekler, yerler, şarkılar... Aslında, iyi zamanlarımızın geçtiği anlarda çevremizdekilere iyi duygular beslerken, özellikle çok kötü anlarımızda yakınımızda olanlardan hiç hazzetmiyoruz.

Ve hayatımızdaki tüm insanlar, objeler ve yerler bir bakıma tetikleyiciler haline geliyorlar.

Genelde ilk izlenimler burada da işliyor. Mesela, çocukluğumuz Hollywood filmlerini seyrederek, Amerika'ya ve "Amerikan Rüyası"na hayranlık duyarak geçtiyse, muhtemelen hayatımızın ilerleyen yıllarında da bu devam ediyor. İngilizce isimler, Amerika şehirleri, Amerikan markaları bize hep iyi duygular hissettiriyor.

Tam tersi bir şekilde, çocukluğumuzu Irak Savaşı ve Bush'u izleyerek geçirdiysek, Amerika hakkındaki şartlanmalarımız çok daha olumsuz oluşuyor.

Hollywood'dan söz etmişken, aslında şartlanmalarımızın da film, moda ve reklam endüstri tarafından bilinçli bir şekilde nasıl kullanıldığından bahsetmekte yarar var.

Reklamlarda çalan ziller

İlk olarak reklamlarda neden hep toplumun "güzel bulduğu" insanların kullanıldığı konusuna bir açıklama getirelim. Nedeni çok basit! Beynimizde reklamı yapılan markanın, güzel insanlarla ilişkilendirilmesi. Aslında hepimiz o markayla o insanların bir ilgisi olmadığını, onların sadece "reklam yıldızları" olduğunu biliyoruz. Ancak, beynimizde "markanın" nöronlarıyla, "reklam yıldızlarının" nöronları aynı anda ateşleniyor ☺.

Zaten marka yaratmak demek, ihtiyaca göre birçok farklı imajı bir torbaya atıp onları karıştırmak demektir. Güzellik, güçlülük, sağlamlık ve daha niceleri...

Bu arada son zamanlarda, markaların artık pek de bilinçli beyni ikna etmeye uğraşmadıklarını, şartlandırmanın temel prensiplerini uyguladıklarını gözlemleyebilirsiniz. Reklamlarda komedi, romantizm ya da cinsellik benzeri duyguları yoğunlaştırdıklarına, duyguların en yoğun olduğu an olan reklam sonunda logolarını gösterdiklerine ve bunu sıkça tekrarlayarak şartlanmayı pekiştirdiklerine şahit olabilirsiniz.

Programlarımızı tetikleyen ziller

Aslında şartlandırmaların mantığını anlamak ve onların etkisinin farkına varmak bizler için çok önemli. Önceki satırlarda beynimizin çok travmatik anlarda başlattığı programlardan bahsettik. Arka planda çalışan bu programlar, olay sırasında olayla ilişkilenmiş "tetikleyiciler" sayesinde ön plana çıkıyor ve önümüze engel koyuyor, bize sıkıntı yaşatıyorlar.

Mesela, topluluğa karşı konuşmada sıkıntı yaşayan "ağır abi"mizi tetikleyen birçok faktör olabilir. Mesela insanların bakışları, koltukların yan yana dizilişi, insanlara sahneden ayakta durarak bakmak... Tetikleyiciler, gerektiğinde bilinçaltımıza yeniden tehlikede olduğumuzu söylemek için varlar ve iş başa düşünce gereğini yapıyorlar.

Aslında bahsettiğim gibi, hepimizin beyninde arka planda çalışan binlerce benzer şartlanma var. Tabii ki her program bizi kedi örneğinde olduğu gibi masanın üzerine çıkartmıyor. Ancak her program bize korku, heyecan, endişe gibi birçok duyguyu "otomatik" olarak hissettiriyor. Biz de bir nevi tüm bu duyguların birleşimini yaşıyoruz. Şartlandırmanın hangisi daha güçlüyse, o anki modumuzu o belirliyor.

Bu arada karşıt duyguları hissettiren, benzer güçteki şartlanmalar aynı anda tetiklendiği zaman etkilerini kaybediyorlar. Tabii ki 100 kuvvetindeki olumsuz bir duygu şartlanması, 1 şiddetindeki olumlu bir şartlandırıcıyla temizlenmiyor. Hatta böyle bir durumda, 1 şiddetindeki olumlu şartlandırıcı, diğerinin gücü karşısında etkisini kaybetmekle kalmayıp negatif hisler çağrıştıracak hale geliyor.

Mesela, yıllardır huzur içinde oturduğunuz evinizde çok kötü bir olay yaşarsanız artık evinizin size huzur hissettirme ihtimali azalır. Böyle bir durumda, gerekirse taşınmanın ya da en azından mobilyaların yerini değiştirmenin yararlı olduğu söylenir. Zira yaşandığı yer, olayı bilinçaltımıza sürekli hatırlatan tetikleyicilerle dolu olacaktır. İşte NeuroFormat® sistemiyle biz bu kötü olayları temizleyeceğimiz için yukarıda bahsettiğim taşınma gibi çareler aramaya gerek kalmaz. Ancak, tek bir travmatik olay değil de, çok uzun süreler boyunca, çok kötü olayların yaşandığı, kötü bir dönem geçirdiğiniz evinizden taşınmanızı tüm kalbimle tavsiye ederim...

Zilleri hedeflerimiz için kullanmak

Demek ki reklamcılar yapabiliyorsa, siz de yapabilirsiniz. Mesela, çevrenizdekilerin çok iyi hissettikleri anlarda söyleyeceğiniz bir söz ya da küçük bir dokunuşla onları şartlandırabilirsiniz. Şartlandırmaları güçlü kılmak konusunda söylediklerimiz tabii ki burada da geçerli.

Koşulladığınız kişi kendini mutsuz hissettiğinde, çok kısa bir süre boyunca "zilinizi çalarak" koşulladığınız duyguyu yeniden yaratabilirsiniz.

Bunu en iyi Cem Yılmaz'ın yaptığını düşünüyorum. Çok güldürdüğü bir espri sonrasında, esprinin en can alıcı noktasını benzer ses tonuyla gösteri boyunca tekrarlayarak, aynı neşenin sürekli devam etmesini sağlayabiliyor.

Bu arada, kullanacağınız tetikleyicinin "benzersiz" olması oldukça önemli. Zira başkaları tarafından da kazara, sürekli tekrarlanma olasılığı olan tetikleyiciler, biraz önce bahsettiğimiz nedenlerden dolayı etkilerini kaybederler.

Tetikleyicileri sadece başkalarının üzerinde değil, kendi üzerinizde de deneyebilirsiniz. Mesela, kendinizi çok iyi hissettiğiniz anlarda elinizi yumruk haline getirin ve içinizden "Benden iyisi yok" deyin. Bunu yoğun olumlu duygular yaşarken sürekli tekrar etmeniz etkisini arttıracaktır.

Daha sonra, heyecan ve korku hissettiğiniz, ihtiyacınız olduğu bir anda aynı şeyi yaparak, duygularınızı bir anda değiştirebilirsiniz. Bu uygulamayı kendiniz ve başkası üzerinde nasıl kullanabileceğiniz tamamıyla hayal gücünüze kalmış...

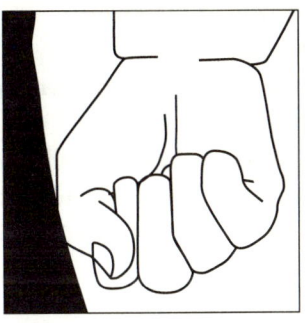

Kelimeler de tetikler

Aslında farkında olmadan sürekli kullandığımız bir tetikleyici grubu var: Kelimeler!

Günlük hayatta kullandığımız kelimeler aslında bizim nasıl hissettiğimizi belirliyor. Mesela, size "Nasılsınız?" diye sorulduğunda "Yuvarlanıp gidiyoruz" cevabıyla "10 numara" cevabı çok farklı duyguları çağrıştırır. Mutlu bir hayat için, özellikle kendi kendimizle ve başkalarıyla nasıl konuştuğumuz çok önemlidir. İyi duyguları abartı ifadeleriyle daha da güçlendirmek, kötüleriyse vasat kelimelerle etkisiz hale getirmek çok yararlı olacaktır.

Bilinçaltımız otomatik pilotta

Son bölümlerde bilinçaltının özelliklerini nasıl kendi yararımıza kullanabileceğimiz konusunda bazı "püf noktalarını" paylaştım sizinle. Ama şimdi yeniden başladığımız yere dönelim.

Önce şu konuda anlaşalım:

Geçmişimizi, yaşadıklarımızı, programlarımızı, koşullanmalarımızı değiştirmediğimiz sürece bilinçaltının etkisindeyiz! Nörolojik olarak hayat algımızı değiştirmeden, oluşan psikolojik ve biyolojik programları kapatmadan, yaşanmış olayları beynimizden silmeden ne yazık ki hayatımızda büyük bir değişiklik yaratamıyoruz.

İşte bu yüzden, kişisel gelişim kitaplarıyla gelebildiğimiz noktalar çok sınırlı kalıyor. Kitapları okurken aklımıza yatan, "Yeter, artık ben de böyle olacağım" motivasyonunu veren, öğrendiğimiz dersleri bir türlü uygulayamıyoruz.

Sonra da zaten denemeyi bırakıyoruz.

Peki, ne zamana kadar?

Aynı şeyleri "farklı cümlelerle" söyleyen bir sonraki kişisel gelişim kitabına kadar...

Önceki bölümlerde irdelediğimiz gibi bilincimizi kontrol edebilirken, bilinçaltımız üzerinde doğrudan bir kontrole sahip değiliz. Aslında beynimizi neden kontrol edemediğimizin cevabı da burada yatıyor.

Bilinçaltımızı kontrol edemediğimiz için beynimizi kontrol edemiyoruz!

Nihai kararı bizim verdiğimizi sanırken, yaşadıklarımızın tek sorumlusunun biz olduğumuza inanırken aslında onun "otomatik pilotluğunda" hayatımıza devam ediyoruz.

Tek yol
temizlemek!

Bilinçaltının verdiği tepkiler güvenlik amaçlı

Artık siz de biliyorsunuz: Bilinçaltı çoğu tepkiyi sadece "güvenlik" amaçlı veriyor. Ve hayatımızdaki olumsuzlukların en büyük nedeni beynimizin sürekli devreye girerek bizi korumaya çalışması.

Çelişkili değil mi?

Kesinlikle!

Sanki beynimiz bize karşı, "kraldan çok kralcı!"

Sağlığa, mutluluğa, başarıya ulaşmak için yapmamız gereken, bilinçaltımıza devreye girmesine gerek olmadığını söylemek...

"Biraz sakin ol be abicimm!"

İşte bu! Bu kadar basit!

Pozitifler genel, negatifler bize özel!

Aslına bakarsanız, tüm doğrular hepimiz için ortak.
Sev, pozitif ol, mutlu ol...
Hayatımızda bize özel bir şey varsa, onlar aslında negatiflerimiz... Bir başka deyişle, pozitife ulaşamama nedenlerimiz. Neden sevemediğimiz, neden pozitif olamadığımız, neden mutlu olamadığımız geçmişteki negatiflerimizle ilgili... Aslında biz geçmişteki olumsuzlukları temizleyerek, standart doğruları zorlamak yerine, beynimizde bize özel bir şey gerçekleştiriyoruz.

Temizlemeden yapacaklarımız boş

Belki bu kitabı okuyana kadar onlarca kişisel gelişim kitabı, pozitif düşünmeyi teşvik eden pek çok yayın okudunuz! Çok güzel. Ama maalesef yetersiz!

Eğer yeterli olsaydı dünyadaki tüm psikolojik, psikosomatik, fiziksel sorunlar zaten pozitif düşünceyle temizlenirdi.

Hadi bir deneme yapalım:

Pozitif olma deneyine ilk önce kendinizden başlayın. Yeni ayrıldığınız ve hâlâ âşık olduğunuz birisiyle ilgili olarak kendi beyninize şunu anlatmaya çalışın. "Boş ver, pozitif ol! O seni sevmedi, hiç hak etmedi. Hem ne güzel, ondan ayrılmak yepyeni insanlarla tanışacaksın anlamına geliyor. Hayat yeniden başlıyor... Lay lay lom ☺."

İşe yaradı mı?

Şimdi de kediden fobi derecesinde korkan, restoranda gördüğü an masanın üzerine çıkan bir arkadaşınıza aslında kediden korkmasının gereksiz olduğunu, onun küçük zararsız bir hayvan olduğunu, "pozitif düşünmesinin" yararlı olacağını tüm detaylarıyla açıklayın.

Bakalım ne cevap alacaksınız...

Ya da takıntılı derecede elini yıkayan birine, aslında dünyanın o kadar pis olmadığını, 10 dakikada bir elini yıkamasına, günde 10 kez evi silmesine, günde 5 kez banyoya girmesine gerek olmadığını, "pozitif düşünmesi" gerektiğini söyleyin...

Hatta nefessiz kaldığını, panik atak geçirdiğini söyleyen bir dostunuza "Ne atağı, ne paniği, bütün bunlara hiç gerek yok, sana hiçbir şey olmayacak, bunlar boş işler" şeklinde açıklamalar yapın. "Hayata biraz pozitif baksana" deyin...

Hayır, hayır şaka yapıyorum! Tabii ki demeyin... Çünkü karşınızdaki kişiyi ciddi bir şekilde kızdırmanız olası. Böyle bir şey yapmayın!

Sadece şunu anlayın:

Beynimiz bu sorunları belli tehditlere tepki ya da savunma mekanizması olarak yaratıyor. Kendi içinde bir mantığı sahip. Onun kendi içinde yarattığı mekanizmaları yani sorunları çözebilmek için yapmamız gereken iki önemli görev var:

1- Beynin neden sorunu (ona göre tedbiri) yarattığını bulmak.
2- Onun anlayacağı dilde ona "korkacak bir şey olmadığını, herhangi bir tehdidin bulunmadığını" söylemek.

Evet, pozitif düşüncenin yararı büyük, kabul ediyorum ama ne yazık ki yetersiz. Asıl çözüm temizlikle gelecek...

Hadi başlayalım!

Olayları silmek değil, olumsuz duyguları boşaltmak!

Yaşadığımız kötü olaylarda beynin ne kadar büyük kararlar aldığı aslında olay sırasında yaşadığımız duyguların yoğunluğuyla orantılı. Bir başka deyişle, konudan ne kadar etkilenirsek hayatımız ve beynimiz o kadar değişiyor.

Özellikle çok ciddiye aldığı travmalarda, beynimiz bizi korumak amacıyla yaşanan olayı bütün detaylarıyla, ve yaşanan duygularla kodluyor; ayrıca tüm bu bilgileri belli bir köşesinde neredeyse "fiziksel olarak" bulunduruyor. Olay bitip üzerinden onlarca sene geçse dahi, beynimizin belli bir noktasında tutulan bu bilgiler aynı şekilde saklanmaya devam ediyor.

Zaten işte bu yüzden, çocuklukta yaşanan bir olay bile onlarca yıl sonra bizi etkileyip, korkularımızı, olumsuz duygularımızı ortaya çıkarabiliyor. Mesela, 2 yaşında ağaçtan düşen bir çocuk olayı hatırlamasa bile yükseklik fobisine sahip olabiliyor. Zaten, bizi etkilemiş olayların çoğunu hatırlamıyoruz. Ancak hatırlamıyor olmamız o olayların hayatımızı etkilemediği anlamına gelmiyor. Biz hatırlamasak bile, bilinçaltımız hayat boyu hatırlamaya ve kötü olaylardan aldığı dersleri uygulamaya devam ediyor. Gerçekten de, beynimizin bir köşesinde olayla ilgili bilgiler saklanıyor. Ne zamana kadar? O bilgilere ulaşıp bütün duyguları boşaltana kadar...

Yaptığımız uygulamalarda aslında yaşanan olayları silmiyoruz. Gerçekte yaptığımız, fiziksel olarak beynin bu bilgileri sakladığı noktalara ulaşıp kötü duyguları çok hızlı ve etkili bir şekilde TEMİZLEMEK!.. Böylece, duygu yoğunluğuna göre birtakım kararlar almış olan beynin o kararları geri çevirmesine olanak tanıyoruz.

Yaşayabileceğimiz iyileşmelerde bir sınır olmamasının nedeni de tam burada yatıyor. Çünkü biz beynimize yeni bir şey öğretmiyoruz. Sadece yoğun duygular yaşadığı için her ne yapıyorsa, onu yapmamasını (duyguları temizleyerek) sağlıyoruz. Beyin ne karar aldıysa geri çeviriyor. İşte burada, almış olduğu kararların sınırı yok... Bu da yaşayabileceğimiz iyileşmelerin de sınırı olmadığı anlamına geliyor.

BEYNİNE
FORMAT AT!

İstediğimiz hayatı
yaşayamıyorsak,
nedeni korkularımız!
Çünkü beynin asıl amacı
bizi "hedeflerimize ulaştırmak"
değil, bizi
"hayatta tutmak".

Beyne format
atmaya başlamak

Beynimizin yarattığı sorunlarımızdan kurtulmanın iki önemli aşaması var dedik: Sorunun nedenini teşhis etmek ve onun ANLADIĞI DİLİ kullanarak ona her şeyin yolunda olduğunu anlatmak.

Nedenlerin detaylarına girmeden önce, bizim öncelikle 2. aşamadan, yani beynimizin anladığı "dilden" ona "HER ŞEY YOLUNDA" diyebilmek için kullanacağımız teknikten bahsetmemiz gerekiyor. Birçok rahatsızlığın nedeni farklı olduğu halde, nedenler ne olursa olsun bu tekniği kullanacağız.

Bir teknikle nasıl hayat değiştirilir?

Bu satırları okurken içinizden "Tek bir teknik nasıl hayatımı değiştirebilir ki?" diye sorduğunuzu duyar gibiyim! Bunu yapmakta çok haklısınız. Ben de olsam sorgulardım.

Evet, tek bir teknik öğrenerek hayatımız bir anda değişmeyecek. Ama hayatımızı değiştirmek için gerekli kilitleri açmayı öğrenmiş olacağız. Biz bu teknikle beynimize bilinçaltı seviyesinde, "Sakin ol, devreye girmene gerek yok" diyeceğiz. Bunu yaptığımızda da daha mutlu, sağlıklı, tatminli bir hayat yaşamamızın önündeki pek çok engel kalkacak!

NeuroFormat® sisteminin işe yaraması için, bilinçaltının sorunu yaratan parçasında, bir başka deyişle sorunu yaratan neden üzerinde uygulanması gerekiyor.

Elimizdeki teknik, aslında bilinçaltı seviyesinde işe yarayan bir silah. Biz bu silahı, doğru bir sistem içinde kullanarak çok büyük görünen sorunları temizleyeceğiz.

Ve özetlemek gerekirse, tam sonuca ulaşmamız için de en önemli nokta bilinçaltındaki sorunu yaratan nedeni doğru teşhis etmek.

Şunu da söylemek isterim ki, eğer doğru teşhis yapılırsa biraz sonra göreceğiniz teknikler bu işi yapmanın tek yolu olmayabilir. Eğer 10 sene sonra "amuda kalkarak" şu an yapabildiğimiz şeyleri 10 kat hızlı ve etkili şekilde yapabiliyor olursak, bunu da seve seve kabul eder ve uygulamaya başlarım.

Ama sizi temin ederim ki, şu an için ilerleyen satırlarda tanışacağınız sistemden daha basit ve etkilisinin olmadığını düşünüyorum.

Ve sizi uyarayım:

Bir sonraki bölümde sizinle paylaşacaklarım, ilk bakışta mantıksız gelebilir. Ancak;

Beynimizin zaten pek de "mantıklı" çalıştığı söylenemez.

Sizinle paylaşacağım sistem, iradenizden ziyade bilinçaltınıza etki edecek. Bu yüzden sistemi mantıklı beyninizle irdelemeyin ve bana güvenin.

Şimdi detaylara geçelim. Artık temizlik operasyonuna başlayabiliriz!

NeuroFormat® tekniği

İlk kitabımda NeuroFormat® tekniğini anlaşılması açısından çok basit haliyle anlatmayı seçmiştim. Bu kitapta tekniğin daha kapsamlı halini bulacaksınız.

NeuroFormat® tekniğinin prensibi

- Çözmek istediğin problemi oluşturan bir nedene odaklan
- O neden için "en kötü" hissettiğin göz pozisyonlarını bul
- Bulduğun her göz pozisyonunda, nörolojik noktalara yavaşça vurarak kötü duyguyu temizle
- Problemi oluşturan her nedeni, tüm göz pozisyonlarında birer birer temizleyerek, problemin tamamını temizle

Tekniğin 6 aşaması var. Bunlar:

1- Konuyu belirlemek
2- Konuyu parçalarına ayırmak
3- NeuroFormat® duruşuna geçmek
4- Parçayla ilgili duyguyu tetiklemek
5- Göz pozisyonlarıyla olumsuz duyguyu yakalamak
6- Olumsuz duyguyu temizlemek

1- Konuyu belirlemek

Uygulamaya başlamadan önce tabii ki neyi "formatlamak" istediğimizi bilmemiz gerekiyor. Aslında NeuroFormat® tekniğini o an sadece kafanızdaki negatif düşüncenin etkisinden kurtulmak için bile yapabilirsiniz. Ama genelde çalışmalarınızı, hayatınızda kalıcı olan herhangi bir sorunu temizlemek ya da hafifletmek üzerine kurgulayın.

İlerleyen sayfalarda NeuroFormat® tekniğiyle hangi konuları

nasıl formatlayacağımızı göreceğiz. Bir olayın etkisini bilinçaltımızdan temizlemekten herhangi bir kişiye ya da kendimize olan kızgınlığa, istediğimiz bir hedefe ulaşmamıza engel olan blokajlara kadar birçok konuda çalışma yapabiliriz.

Elimizde doğru kullanıldığı zaman, beyni formatlayan bir "silah" var. Çok güçlü ve etkili bir silah bu! Ama ne yazık ki, bu temizlik bir anda "tüm geçmişi silmek" şeklinde olamıyor.

Şimdi bir benzetme yaratalım.

Hayatımızın tümünün uzunluğundan ve beyinlerimizin karmaşıklığından yola çıkarak, çok büyük bir labirentte arama yaptığımızı düşünelim.

Amacımız, bu muazzam labirentte rahatsızlıklarımızın nedenleri olan hedef tahtalarını bulmak ve silahımızla ateş ederek bunları ortadan kaldırmak...

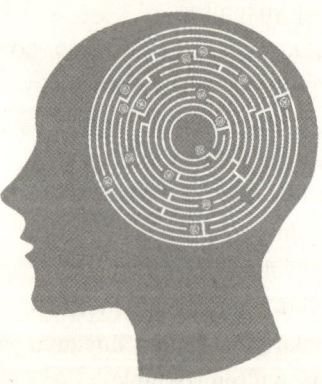

Bu benzetmede:

1- SİLAH, kullanacağımız tekniğin basit mekaniğini
2- HEDEF TAHTALARI, duygusal ve fiziksel rahatsızlığa neden olan olayları ve konuları
3- LABİRENT ise, beynimizi ve uzun hayat süremizde olan tüm olayları simgeliyor.

Oyun alanımız görebildiğimizden çok daha büyük. Beynimizin kapasitesini ve şu ana kadar yaşadığımız tüm tecrübelerin, anların sayısını düşünürseniz, bu labirentin ne kadar geniş olduğunu hayal edebilirsiniz.

Evet, olası konuların sayısı sınırsız. Ama merak etmeyin, hedeflerimize göre hangi konular üzerinde çalışmamız gerektiğini, bir başka deyişle labirentte nasıl yol alıp hangi hedef tahtalarını vurmamız gerektiğini detaylı olarak irdeleyeceğiz.

2. Konuyu parçalarına ayırmak

Yapacağımız uygulama sırasında büyük bir sorunu tek bir seferde "formatlayamayabiliyoruz". Bu durumda sorunu yaratan "nedenleri" ayrı ayrı temizlememiz gerekiyor. Böyle yapıyoruz çünkü sorunu oluşturabilecek tüm nedenleri temizlemek istiyoruz.

Mesela, İŞİNDE BAŞARISIZ OLMA konusunda stres hissetmenin tek bir nedeni yoktur. Bundan endişe duyan birinin birçok nedeni olabilir. Mesela:

- İşten atılacağı zaman, patronun ofisine çağrılması ve bu olayın geçmişte okulda müdürün odasına çağrıldığı olumsuz olayı hatırlatması
- Atılacağı gün iş arkadaşlarına rezil olma ihtimali
- Parasız kalmaktan korkması
- Tüm çevresinin, işsiz olduğu için onu başarısız bulma ihtimali

Benzer şekilde hayatımızdaki bir travmanın etkisinden kurtulmak için negatif etkiyi yaratan tüm "anları" tekrar yaşayıp, her anı hiçbir olumsuz duygu yaratmayacak hale getirmemiz gerekiyor.

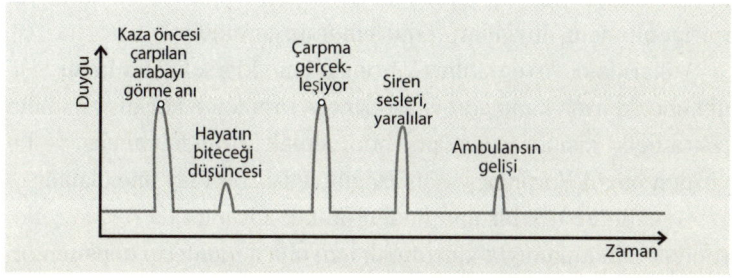

Bir araba kazasının önemli anları.

Ya da, bir kedi fobisi üzerinde çalışırken, kedinin ani hareketlerini, gözlerinin şeklini, "tırmalama ihtimali" gibi birçok nedeni teker teker temizlemek gerekiyor.

Peki, tüm nedenleri bulduğumuzu ve onları birer birer temizlemeyi başardığımızı nasıl bileceğiz?

Ya da daha önemli nedenleri temizlersek, küçükleri temizlemeden de sorunumuz tamamıyla geçebilir mi?

Ana neden

Biraz önce labirentteki hedefleri teker teker vuracağımızı söylemiştik. Sorularımıza cevap vermek için, üzerinde çalıştığımız sorunu bir ağaç gövdesine ya da hedef tahtasına benzetelim.

Tam başarı kazanmak için, hedefi tam "çekirdekten" yani 12'den vurmamız gerekiyor. Bir başka deyişle, bizim bu sorundan kurtulmamız için öncellikle ana nedenleri tespit edip onların yarattığı olumsuz duyguları temizlememiz gerekiyor.

Yukarıdaki, "işten atılma" örneğinden gidersek, ana konu kişinin çocuklarına karşı görevini yerine getirememe korkusu olabilir. Hatta belki kişinin yıllar önce borç almak zorunda kalması ve bu yüzden büyük sorunlar yaşaması gibi ilgisiz bir olay bile olabilir.

Genellikle, tek bir ana neden olmak zorunda da değildir. Sorundan tam anlamıyla kurtulmak için ana nedenlerin hepsinin ortaya çıkarılıp temizlenmesi önemlidir.

Bu noktada kafanız biraz karışmış olabilir. Merak etmeyin! Bilmeniz ve hatırlamanız gereken tek şey, sorunu oluşturan bazı nedenlerin diğerlerinden daha önemli olduğu ve sorundan tam olarak kurtulabilmek için mümkünse "ana nedenlerin" tamamının temizlenmesi gerektiği.

Temizliğe tabii ki en önemli bulduğunuz nedenlerden başlayın. Zira üzerinde çalıştığınız konuya göre, birkaç neden temizledikten sonra sorununuzun tamamıyla çözüldüğünü de tecrübe edebilirsiniz.

Hedef tahtasıyla beraber ağaç gövdesini kullanmamızın nedeni sadece "form" benzerliği değil. Özellikle geçmişte belli bir ilk olayla başlayan sorunlarımızı temizlerken, aslında temizlememiz gereken "ana neden" ilk olay olacaktır. Bir ağacın gövdesinin merkezi ilk yaşını temsil ettiği gibi, bizim için "çekirdek" İLK TRAVMA olacaktır.

3. NeuroFormat® duruşu **63**

Bu duruş, disleksi ve kekemelik tedavisi için geliştirilmiş ve uygulandığı zaman beynin sağ ve sol loblarını maksimum koordinasyonda çalıştırıyor. NeuroFormat® tekniğini uygularken mümkün olduğunca bu duruşta kalmaya çalışın.

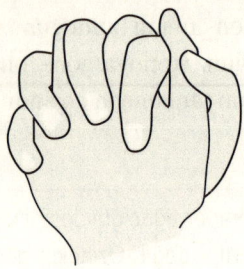

Parmak seçimi.

Sol-Sağ taraf seçimi (sadece bir kez yapılacak)

Duruş sırasında hangi kol ve ayağın önde (üstte) olduğu önemli. Parmaklarınızı şekildeki gibi kenetleyin. Hangi başparmağınız üstte? Eğer, sol başparmağınız üstte ise, sol eliniz ve sol ayağınız duruş sırasında önde olmalı.

Tam tersi olarak, sağ başparmağınız önde ise, sağ el ve ayağınız duruş sırasında önde olmalı.

Mümkün olduğu kadar bu duruşta kalmanızı istiyorum. Eğer bu duruşu kendi kendinize vuruş yaptığınız için (birazdan VURUŞLAR konusunu tüm detaylarıyla inceleyeceğiz) ya da daha farklı bir nedenden dolayı devam ettiremiyorsanız, rahat olun ve duruştan çıkın. Uygulama sırasında, sorunu tetiklemek ya da gerektiğinde daha sonra göreceğiniz NeuroFormat® vuruşlarını yapabilmek bu duruşta kalmaktan daha öncelikli.

4. Sorunu tetiklemek

Sorunu çözmek için onu yüzeye çıkartmaya ihtiyacımız var. Biz bunu genellikle OLUMSUZ ifadeler üzerinden yapıyoruz. OLUMSUZ ifadeleri oluşturmadaki başarımız, aslında genel başarımızı etkiliyor.

Burada yaptığımız şey aslında OLUMSUZ ifadelerin yarattığı olumsuz duyguları yüzeye çıkarıp, onları KALICI OLARAK FORMATLAMAK. Formatlayabildiklerimiz, sadece yüzeye çıkarabildiklerimiz. Bu açıdan TETİKLEYEBİLMEK, sorunu tamamıyla çözmek adına, en önemli ayrıntı.

Başarının anahtarı: Tetikleyebilmek

Hangi sorunun hangi parçası üzerinde çalışırsak çalışalım, o parçaya ait olumsuz duyguları yoğun şekilde ortaya çıkaran ifadeleri oluşturabilmek, tetikleyebilmek ve yüzeye çıkarabilmek aslında ne kadar başarılı olduğumuzu belirliyor.

Kitapta farklı konuları temizlerken, kullanabileceğiniz ve gerçekten olumsuz duyguları tam 12'den vuran ifadeleri nasıl oluşturacağınızı bulacaksınız. Belki okurken, size gereksiz detay gibi gelecek bu bölümler aslında ne kadar başarılı olacağınızı belirleyecek. O yüzden bu bölümleri özellikle dikkatli okumanızı öneririm.

Bu arada lütfen ifade oluşturma konusunu çok kuralcı bir hale getirmeyin. İfadenin herhangi bir dil kuralına uyması bile gerekmez. İfade kullanılmasındaki asıl amaç, sorunun temeline inilerek KÖTÜ DUYGUNUN TETİKLENMESİ ve BU DUYGUNUN TEMİZLENMESİ...

İfadeleri oluştururken mümkün olduğu kadar "olması gerekeni değil" gündelik hayatınızdaki dili kullanın. Gerekirse bela okuyun ya da küfredin... Amaç duyguların ortaya çıkarılması, kurallara uyulması değil.

Temizlemek istediğimiz soruna göre OLUMSUZ ifadeleri nasıl oluşturacağımızın detaylarını ilgili bölümlerde paylaşacağım. Bu aşamada bilmemiz gereken, büyük bir sorunun daha küçük bir parçası için OLUMSUZ bir ifade oluşturuyoruz. Ve onun için kötü hissederek, hissettiğimiz duyguları kalıcı bir şekilde temizliyoruz.

Sorun "an"ı bir fırsat!

Özellikle bizzat sorunu yaşadığımız anlar, onları tamamıyla temizleyebilmek adına büyük fırsat barındırıyor. Sorunları yaşadığımız zamanlar, zaten tetikleme ihtiyacımız olmadığından, onları kalıcı olarak temizlemek için büyük bir olanak sağlıyor.

Böyle zamanlarda tek yapmamız gereken, sorunu yaratan nedenlerin farkına vararak, yarattıkları duyguları teker teker temizlemek. Bir başka deyişle, böyle anlarda da sorunu oluşturan parçaların hepsini ayrı ayrı tetikleyip onları birer birer temizlememiz gerekiyor.

Bu arada, uygulamalarımızda genelde olumsuz ifadeleri kullansak da, sorunun içeriğine göre daha farklı şekillerde de sorunu tetiklememiz gerekebilir.

Mesela aşağıdaki tetikleyicilerden faydalanarak:

- Gerçek ya da hayal edilen resimler
- Sesler
- Dokunuşlar
- Kokular
- Tatlar

Örneğin, ağrılarla uğraşırken bir dokunuşla ağrıları daha fazla tetiklemeyi, sigara bırakırken kokusuyla sigara isteğini arttırmayı seçebiliriz. Tetikleme konusunda bazen çok yaratıcı çözümler geliştirmemiz gerekebiliyor.

5. Göz pozisyonlarını taramak

Formatlamak için üzerinde uğraştığımız sorun, beyinde tek bir adreste bulunmuyor. Biz de gözlerimizi problemin beynimizdeki farklı adreslerini bulmak için kullanıyoruz.

Sorunu ve sorunun üzerinde çalışacağımız parçasını belirlemiş, NeuroFormat® duruşuna geçmiş, üzerinde çalıştığımız parçayı tetiklemeyi başarmışken göz pozisyonlarını da komple bir temizlik sağlamak için kullanıyoruz.

Nasıl mı?

Amacımız, tetiklediğimiz duygunun hangi göz pozisyonlarında daha yoğun olduğunu bulmak. Bunun için gözlerinizi görebildiğiniz tüm alanda yavaşça gezdireceksiniz. Bunu sistematik bir şekilde yapabilmek için SANKİ KİTAP OKUR GİBİ, önümüzde tüm görüş alanımızı kaplayan bir yazı varmış gibi tarama yapacağız. En üst satırdan başlayarak, yere kadar satır satır tarayacak, her satırda hep soldan sağa okur gibi çok yavaş bir hızda gideceğiz. Daha basit söylemek gerekirse, göz kaslarımızı zorlayarak, kafamızı sabit tutmak şartıyla, bakışımızın ulaşacağı her noktaya gitmeliyiz. En sol üst köşeden, en sağ alt köşeye kadar.

Sanki kitap okur gibi soldan sağa tarama yapacağız. Duvara karşı uygulama yaparken duvarla aramızdaki mesafe iki-üç metre olabilir.

Göz pozisyonlarını, gözler hem açık hem de kapalı olarak uygulayabiliriz. Eğer gözler açık uygulamak gerekiyorsa düz bir duvara karşı uygulama yapmanız daha sistemli olmanızı sağlayacaktır. Ama duvara karşı olmanız elzem değil. Satır sayısı konuya göre 6-10 arası olabilir. Tek bir satırı taramanız 10 saniye civarında sürmeli.

Tarama yaparken olumsuz "tetikleyiciye" odaklanacak ve bundan dolayı, hangi göz noktasında "olumsuz duyguyu" daha fazla hissettiğinizi bulacaksınız.

OLUMSUZ ifadeleri sesli olarak tekrarlamanıza gerek yok. Oluşturduğunuz ifadeyi düşünmeniz yeterli. Ancak illa sesli tekrarlayacağım diyorsanız da size engel olmak istemem ☺.

Taramayı bir an önce bitirmeye uğraşmayın. Amacımız, bitirmekten ziyade, hangi noktalarda olumsuz duygu olduğunu bulmak. Kötü hissettiğiniz noktayı bulduğunuz an, durmanız ve o noktadaki duyguyu temizlemeniz gerekiyor.

Noktalara bakmak = Duyguyu tetiklemek

Olumsuz bir soruna odaklanarak duygunun en yoğun biçimde hissedildiği göz pozisyonlarını bulma çabamız aslında tamamıyla sorunla yüzleşmekle ilgili. Sorunu bulup, onunla tamamıyla yüzleştikten sonra, beynimizden temizleyeceğiz. Sorunla yüzleşip temizlediğimizde, bilinçaltının alacağı önlemlere gerek kalmayacak ve böylece sorundan kurtulacağız!

Kapsamlı bir "formatlama" için, bir sonraki bölümde paylaşacağım gibi bu noktaları teker teker temizlemek gerekiyor.

Tarama sırasında kaç tane nokta bulacağınızın bir sınırı yok. Konuya göre 1-10 arası sayıda nokta bulmanız olası.

Tekniği uygularken, tarama sırasında kötü hissettiğiniz pozisyonların genelde hep aynı tarafta toplandığını göreceksiniz. Eğer duyguları hep sol tarafta hissediyorsanız, bu tüm çalışmalarda böyle devam edecek. Sağ taraf için de kural aynı...

Yukarıda ya da aşağıda duyguları yaşayabilirsiniz. Ancak, genelde duyguyu hissettiğiniz taraf pek değişmeyecektir. O yüzden taramaları duyguların çıktığı sağ ya da sol tarafta daha dikkatli gerçekleştirin.

Kirli noktalar: Belli bir parça üzerinde çalışırken duyguyu en şiddetli biçimde hissettiğimiz göz pozisyonları.

Göz pozisyonlarını hissetmiyorum

Kişisel çalışmalarımda yaklaşık % 5'lik bir bölümün bir göz noktasından diğerine çok büyük bir fark hissetmediğine şahit oldum. Eğer bir sorun üzerinde çalışırken, bazı göz noktalarında daha yoğun duygular hissettiğinizi düşünmüyorsanız size bir kötü bir de iyi haberim var.

Kötü haber: NeuroFormat® sistemi ne yazık ki sizin için arkadaşlarınızda olduğu kadar hızlı çalışmayabilir.

Göz pozisyonlarının, aynı problemin beyindeki farklı adresleri olduğunu biraz önce sizinle paylaşmıştım. Göz taramalarında pek bir fark göremiyorsanız bunun birçok nedeni olabilir. Mesela:

Olumsuz duygulara yeterince odaklanmamış, onlara tam erişmemiş, yüzeye çıkarmamış olabilirsiniz. Yeterince denememiş olabilirsiniz.

Ya da beyniniz duygularınıza bu şekilde erişmenize izin vermiyor olabilir.

Sorunu tüm göz noktalarında temizlemek, tam anlamıyla "format" anlamına geliyor. Ve tüm noktaları "formatladığınız" zaman yaşayacağınız değişimin hızına ve etkisine siz bile inanamayabilirsiniz.

Kötü haberimizi özetlemek gerekirse, tüm göz noktalarında temizlik yapmazsanız, sorununuz üzerinde, diğer uygulayanlara göre daha uzun süre çalışmak zorunda kalabilirsiniz.

Şimdi iyi habere gelelim: Eğer yeterince denemiş olmanıza rağmen göz noktalarını hissetmiyorsanız da, bu dünyanın sonu değil. Bu gerçekle barışın. Kitap boyunca söylediklerimiz sizin için geçerli olmaya devam edecektir.

Eğer böyle bir durumdaysanız, göz tarama işlemini atlayacak, üzerinde çalıştığınız ifadenin hissettirdiği "olumsuz" duyguyu (göz noktalarında yoğunlaştırmaya çalışmadan) o an hissettiğiniz haliyle temizleyeceksiniz.

---

6. Duyguyu temizlemek

Şimdi bulduğumuz göz pozisyonunda hissettiğimiz olumsuz duyguyu temizleyeceğiz. Aşağıda bulacağınız temizleme işlemini, tarayarak bulduğunuz tüm göz noktalarında uygulayacaksınız. Evet, birer birer... SİZE GÜL BAHÇELERİ VAAT EDİYORUM ama kabul, biraz tekrar gerektiriyor ☺.

Olumsuz duyguyu yakaladığımız an, taramayı bırakıp temizleyeceğiz. Temizlik sonrası bir sonraki noktayı bulmak için taramaya devam edeceğiz.

Duyguyu hissetmek ve puanlamak

Başlamadan tek yapmanız gereken aşağıdaki sorulara çok kısa ve otomatik cevaplar vermek.

- Kötü duygu vücudunuzun neresinde?
- Nasıl bir duygu?
- Sıcak mı soğuk mu?
- 0-10 arasında yoğunluk açısından puan verseniz kaç puan verirsiniz? (10 = çok yoğun)

Cevap verme işleminde "robota bağlamanıza" gerek yok. Otomatik ve hızlı bir şekilde yapın bunu. Soruyu cevaplamayı unutursanız da merak etmeyin... Hiç önemli değil. Bu soruların tek amacı, negatif duyguya konsantre olmanızı sağlamak.

Temizlik için farklı yöntemler

Göz pozisyonlarında bulduğumuz olumsuz duyguyu temizlemek için üç farklı alternatifimiz var:

1- Olumsuz duyguyu tetikleyerek aynı noktaya bakmaya devam etmek.

Aslında, sadece kötü duyguyu hissederek aynı noktaya bakmakla da hissettiğiniz kötü duygu belli bir süre sonra temizlenecektir.

Uygulamada sadece bakarak temizleme genelde çok ileri düzeyde uygulanan bir yöntem. NeuroFormat® konusunda çok hızlı ve otomatikleşmeye başlamadan şimdilik bu seçeneği tercih etmeyin.

2- Olumsuz duyguyu tetiklerken, TAM TERSİ anlamda çok abartılı OLUMLU ifadeler kullanmak.

Aynı noktaya bakarak bir OLUMSUZ, bir OLUMLU şekilde ifadeleri değiştirerek bu duyguyu temizleyebilirsiniz.

Mesela, "Ben yıllardır yükselemediğim için iş hayatında çok başarısızım" ifadesinin yarattığı kötü duyguyu temizlerken, belli bir göz pozisyonunda bu hissin yoğunlaştığını bulduktan, yarattığı duyguyu vücudunuzda hissedip puanladıktan sonra,

OLUMSUZ ifadenin sonuna aşağıdaki OLUMLU ifadeyi ekleyerek bu duyguyu temizleyebilirsiniz.

"Ben iş hayatında herkesin ayakta alkışladığı bir güneş gibi parlıyorum."

Genelde kullanacağınız OLUMLU ifadelerin, abartılı olmaları ve benzetmeler içermesine gayret edin. Ancak, lütfen ama lütfen OLUMLU ifadelerin doğru olması için "beyninizi yemeyin". Zira doğru OLUMLU ifadeler yok, sizde olumlu duygular yaratan her ifade yeterlidir.

3- NeuroFormat® Vuruşlarını kullanmak.

Bu teknik, olumsuz duyguyu hissederken, vücudun çeşitli nörolojik merkezlerine parmak uçlarıyla vurarak, duyguyu deşarj etme prensibine dayanıyor.

NeuroFormat® Vuruşlarının detaylarına biraz sonra gireceğiz. Teorik olarak daha fazla derinleşmeden gelin bir örnekle ilk çalışmamızı yapalım.

Neden OLUMSUZ ifadeler?

Çoğu kişisel gelişim akımı pozitif olmaktan, olumlu düşünmekten, olumlamalardan bahseder. Ancak, gelebildikleri yerler hep sınırlı kalır. Bu aslında kirleri halının altına süpürmekten pek de farklı değildir. Peki ya kirler halının altında, üzerinde yürüdüğümüz zaman bizi rahatsız edecek büyük taşlar kadarsa?

Daha önce ifade ettiğimiz gibi bizim asıl amacımız olumlu telkinler vermekten ziyade, beynimizdeki "kirlere" ulaşıp onları birer birer temizlemek. Biz, OLUMSUZ ifadeler üzerinden beynimizdeki bizi korumaya çalışan programlara, olumsuz duygulara erişiyoruz.

Daha önce verdiğimiz, taşı fırlatma örneğinden gidersek, taşı fırlatmak için önce elimize almamız gerekiyor. İşte biz OLUMSUZ ifadeler üzerinden taşı elimize alıyoruz. Ancak sadece elimize alabildiklerimizi fırlatıp atabiliyoruz. İşte bu yüzden OLUMSUZ ifadelerin mümkün olduğu kadar yoğun duygulara erişiyor olması, ne kadar başarılı olduğumuzu belirliyor.

Yaptığımız şey aslında pozitifleri enjekte etmekten ziyade, OLUMSUZLUKLARI TEMİZLEMEK. Zaten daha önce vurguladığımız gibi, beynimizin asıl amacı bizi hayatta tutmak. Beynimiz her zaman, bizi korumak için korkulara ve olumsuzluklara, neyi istediğimizden ziyade, neyden sakınmamız gerektiğine öncelik veriyor. İşte bu yüzden, negatifleri temizlemeden, olumlu düşünerek gerçekleştirebildiklerimiz hep sınırlı kalıyor.

NeuroFormat® sisteminin başarısı da zaten bu bakış açısında yatıyor. Tabii ki olumlu olmak çok güzel, ama geçmişin olumsuzluklarını temizlemek bizim için daha öncelikli...

Mesela, kendimizi iş hayatında çok başarısız bulduğumuzu, bunun için çok mutsuz olduğumuzu ve bu algımızı değiştirmek istediğimizi düşünelim.

1- Konuyu belirle: İş hayatındaki başarısızlık algımızı değiştireceğiz.

2- Konuyu parçalarına ayır: Farklı sorunların farklı parçaları olacaktır. Farklı sorunlara nasıl yaklaşacağımızı ilerleyen bölümlerde göreceğiz. Ancak şimdilik sınırlı bilgimizle çok basit bir soru soralım.

Neden?

Farklı cevaplarımız olabilir. Mesela:

- "Bütün arkadaşlarım Ayşe, Ahmet, Ziya yükseldi ben yükselemedim."
- "Ailem beni iş hayatında başarısız görüyor."
- "İş hayatında kimse beni saymıyor, insanlar söylediklerimi ciddiye almıyor."

Uygulamaya genelde en önemli gördüğümüz parçadan başlamalıyız. Buradaki öncelikli neden ailemizin bizi başarısız olarak gördüğü olabilir. Aslında hangisinin daha önemli olduğunu göz pozisyonlarını tararken ve temizlik sırasında anlıyoruz. Zira bazı OLUMSUZ ifadeleri tekrarlamak bizi daha fazla üzüyor. Herhangi bir neden ne kadar çok olumsuz duyguyu açığa çıkarırsa bizim için o kadar önemlidir. Zira büyük olumsuz duyguları temizlemek, her zaman büyük değişimler yaratır.

3- NeuroFormat® duruşuna geç: Ellerinizi bir defaya mahsus daha önce paylaştığımız şekildeki gibi kilitleyin ve NeuroFormat® duruşunda hangi el ve ayağın üstte olacağını bulun ve ezberleyin. Artık duruşa geçebilirsiniz.

4- Parçayla ilgili duyguyu tetikle: Şimdi uygulama yaptığımız parçayı tetikleyeceğiz. İlerleyen bölümlerde daha fazla tetikleyebilmek, 12'den vurabilmek için farklı konularda, nasıl OLUMSUZ ifadeler oluşturabileceğimizi detaylıca inceleyeceğiz. Şimdilik aşağıdakine benzer cümleler kuralım...

"Annemle babam, zaten okul hayatında başarısız olduğum için, abimler benden çok daha iyi durumda olduğu için ve başkalarının çocukları benden çok daha başarılı oldukları için çok üzülüyor. Annem ve babam beni iş hayatında çok başarısız görüyor."

74

Farkındaysanız amacımız güzel cümleler kurmak değil. Gerçekten konuşur gibi kurulmuş cümleler bunlar. Aklınıza geleni kendi kelimelerinizle söyleyin. Daha sonra göreceğimiz gibi, duyguları tetiklemek için nedenlerden bahsetmek gerekir. Biz biraz önce sadece bunu yaptık.

Biraz sonra gözlerimizle taramaya başlamadan, bu ifadeye (ve tüm türevlerine, zira aynı ifadeyi ezberlemenize gerek yok) olabildiğince kötü hissederek odaklanmak isteyebilirsiniz.

5- Göz pozisyonlarıyla olumsuz duyguyu yakala: Şimdi OLUMSUZ ifadeyi tekrarlarken gözlerinizle sol üst köşeden başlayarak satır satır tarayın. Daha önce söylediğim gibi OLUMSUZ ifadeyi seslendirmenize gerek yok. Ama eğer sesli tekrarlamayı tercih ediyorsanız bunun bir sakıncası bulunmuyor. Hangi göz pozisyonunda daha fazla üzülüyorsunuz?

Üzerinde çalıştığınız konuya göre sizi daha fazla üzen göz pozisyonunu bulduğunuz zaman ağlamaya bile başlayabilirsiniz. Sizi kötü hissettiren bir göz pozisyonu bulduğunuz an duracak ve temizleyeceksiniz.

6- Olumsuz duyguyu temizle: Bulduğunuz duyguyu şimdi vücudunuzda hissedin ve puanlayın. Nasıl bir duygu? Sıcak mı soğuk mu?

Durup düşünmeyin, uygulamanın hızlı ve otomatik olması gerekiyor.

Şimdi temizlemeye geçeceğiz, ancak temizliğe başlamadan önce vücudumuzdaki temizleyeceğimiz duygunun farkında olmamız gerekiyor.

Bu noktada temizlemek için 3 seçimden birini yapabiliriz.

a- Aynı noktaya bakarak sadece OLUMSUZ ifadeyi tekrarlamaya devam edebiliriz.

b- OLUMSUZ + OLUMLU ifade formülünü kullanabiliriz.

"Annemle babam, zaten okul hayatında başarısız olduğum için, abimler benden çok daha iyi durumda olduğu için ve başkalarının çocukları benden çok daha başarılı oldukları için çok üzülüyor. Annem ve babam beni iş hayatında çok başarısız görüyor."

"Ama aslında ben herkesin ayakta alkışladığı, iş hayatında tanıdığım herkese sürekli mükemmel bir şekilde ışık veren parlak bir güneşim."

c- NeuroFormat® Vuruşlarını kullanabiliriz.

• Peki, bulduğumuz ilk duyguyu tamamıyla temizlediğimizde işimiz bitiyor mu?

Hayır, aynı OLUMSUZ ifadeyle tarama yaparak yeni yeni göz pozisyonları bularak, bulduğumuz göz pozisyonlarındaki duyguları teker teker temizleyeceğiz.

• Ne zamana kadar?

Hiçbir göz pozisyonu bulamayana kadar... Aslında, zaten böyle bir duruma geldiğimizde, tekrar ettiğiniz, belki biraz önce gözyaşlarınızı "çağıran" ifadeye inanmayacak, belki de güleceksiniz. İşte bu durumda, bu ifadeyle ilgili çalışmanız bitecektir.

• Peki, şimdi çalışmamız bitti mi?

Hayır. Biz sadece tek bir parçanın yarattığı duyguları temizledik. Şimdi diğer parçalar için de aynı şeyi yapacağız.

Mesela bir sonraki önemli neden başkalarının yükselmesi ve bizi geçmesiyse bu parçayı temizleyeceğiz...

• Ne zamana kadar?

Sorunu yani bütünü oluşturan yeterince neden (parça) temizleyene kadar...

• Ne zaman yeterince temizlik yaptığımızı anlayacağız?

Bu konuda kendimizi iyi hissedene kadar... Bir başka deyişle, sorunu oluşturduğunu düşündüğümüz nedenleri teker teker temizlememize rağmen hâlâ yeterince başarılı hissetmiyorsak, bu demektir ki atladığımız, temizlemediğimiz nedenler var.

Mesela, iş hayatında yaşadığımız belki sadece 1 saat süren büyük bir travmamız olabilir. Belki 3 sene önce çok gurur kırıcı şekilde işten atıldık. Ve aslında kendimizi başarısız hissetmemizin "ana nedeni" bu olay...

Daha önce paylaştığım gibi ana nedenleri temizlemek, sorundan tamamıyla kurtulmamız adına önemli.

NeuroFormat® tekniği uygulama şeması

Sorunu belirle

Parçalara ayır

İlk parçaya ait OLUMSUZ duyguyu tetikle

Yeni parça üzerinde çalış

NeuroFormat® duruşunda gözlerle tarama yaparak, olumsuz duygunun yoğun olduğu pozisyonu bul

Yeni göz pozisyonu üzerinde çalış

Duygunun yerini, sıcaklığını hisset ve yoğunluğunu puanla

0   10

NeuroFormat® Vuruşlarıyla temizle

Hayır   Evet

Üzerinde çalıştığın parçanın tüm göz pozisyonları temizlendi mi?

Hayır   Evet

Üzerinde çalışman gereken tüm parçalar temizlendi mi?

NeuroFormat® vuruşları

İlk kitabımı okuyanlar vuruş tekniğinden EFT olarak bahsettiğimi hatırlayacaklar. Aslında, bu tekniğin orijinali 80'li yıllarda Roger Callahan isimli Amerikalı bir psikoterapist tarafından şans eseri bulunmuş ve adına Thought Field Therapy (TFT) denmiş. EFT'yse Roger Callahan'ın öğrencilerinden biri olan Gary Craig'in TFT'yi yeniden düzenlemesiyle ortaya çıkmış. Ancak, dünya genelinde çeşitli sebeplerden dolayı EFT yani TFT'nin "çakması" ünlü olmuş.

Açıkçası, ben çalışmalarımda ne TFT ne de EFT'yi olduğu gibi kullanıyorum. Benim kullanma şeklim hem daha basit, hem de çok daha hızlı sonuç veriyor. Sizinle birazdan paylaşacağım bu uygulamadan kitap boyunca "NeuroFormat® Vuruşları" olarak bahsedeceğim.

Çoğu zaman, göz pozisyonlarında bulduğumuz negatif duyguyu temizlemekte kullanacağımız bu tekniği yer yer, özellikle hayvan fobilerinde göz pozisyonlarına gerek olmadan da uygulayacağız. Şimdi detaylara geçelim.

Bu tekniği göz noktaları olmadan da kullanabilirsiniz

Aslında bu vuruş tekniğini uygulamak için göz noktalarını taramak bir zorunluluk değil. Bu yüzden eğer göz pozisyonlarını yakalayamıyor ya da farklı bir nedenden yapamıyorsanız da bu dünyanın sonu değil. Bu vuruşlardan sonuç almamanız imkânsız.

Burada vuruşlarla yaptığımız, vücutta herhangi bir sebeple hissedilen olumsuz duygunun "deşarj" edilmesi. Göz noktalarını taramadan böyle bir duygu hissederseniz de NeuroFormat® Vuruşlarını uygulayın.

Biz bu vuruşları göz pozisyonlarında uygulayarak, göz pozisyonlarında bulduğumuz olumsuz duyguları daha hızlı deşarj etmeyi sağlıyoruz.

Evet, bu vuruşları yapmak için göz taramasına ihtiyacınız yok. Olumsuz duyguları OLUMSUZ ifadelerle tetikledikten sonra (göz pozisyonlarını hiç taramadan) bu vuruşları yaparak, hissettiğiniz olumsuz duyguyu temizleyebilirsiniz.

Yine de eklemek isterim ki, daha hızlı temizlik yapabilmek için bu vuruşları göz pozisyonlarında uygulamak bizim en önemli silahımız. Zira kendi tecrübemden, tüm göz pozisyonlarını tarayarak vuruşları yapmanın, göz pozisyonlarını kullanmamaktan onlarca kat daha hızlı sonuç verdiğini söyleyebilirim.

Özellikle tek bir spesifik olay üzerinde çalışmadığımız, genel algıyı değiştirdiğimiz ya da hayat boyunca birikmiş duyguları temizlediğimiz durumlarda göz pozisyonlarının hızı ve etkisi "paha biçilmez".

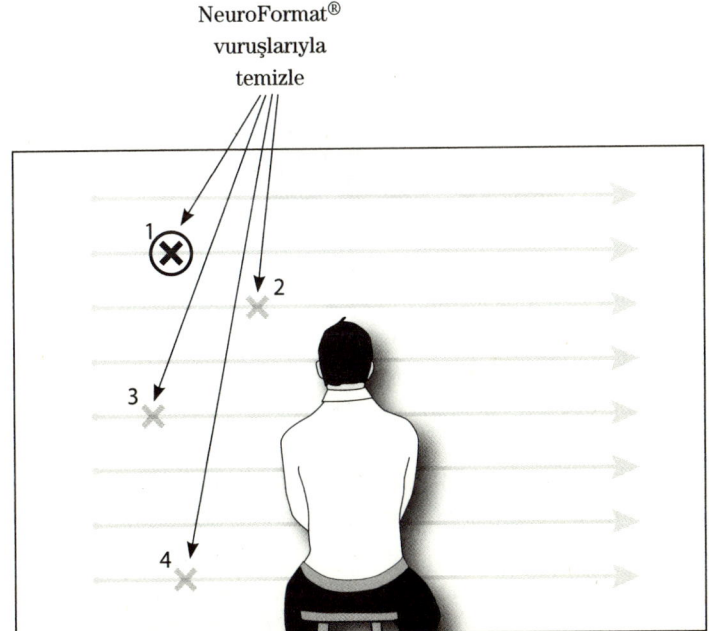

NeuroFormat® vuruşlarıyla temizle

NeuroFormat® oturuşunda, tarama yaparken herhangi bir göz pozisyonunda "olumsuz duyguyu" yakaladığınızı hissettiğiniz zaman artık ellerinizi çözün.

Duyguyu önce vücudunuzda nerede hissettiğinizin farkına varın. Bu duygu sıcak mı soğuk mu? Yoğunluğuna 1-10 arasında bir puan verin.

Şimdi, NeuroFormat® vuruşlarıyla hissettiğiniz bu olumsuz duyguyu temizleme zamanı...

Aşağıdaki şekilde gösterilen noktalardan kitap boyunca DEŞARJ NOKTALARI olarak bahsedeceğiz. Olumsuz duyguyu hissederken şimdi bu noktaların her birine yaklaşık 10'ar kez vurun.

1- Kafanın tam yukarısı
2- Kaşın iç başlama noktası
3- Şakak noktası
4- Köprücükkemiği başlangıç noktası

Turu bitirdikten sonra başa dönün ve tekrar tura başlayın. Her turda toplam 10 x 4, toplam 40 kez vuruş yapmış olacaksınız.

Hissettiğiniz duyguda vuruşlarla AZALMA yaşıyor musunuz?

Azalma yaşadıysanız

Eğer öyleyse, olumsuz duygu "sıfırlanana" kadar buna devam edin.

Peki, 4 noktadan hangisine vurduğunuzda en çok rahatlamayı hissettiniz? Bulabildiniz mi? Bulabildiyseniz bu sizin özel noktanızdır.

Özel nokta nedir?

Herkesin bir ya da birkaç noktası daha etkilidir. Bundan "özel nokta" olarak bahsedeceğiz. Çoğu zaman sadece tek bir deşarj noktası kullanarak kötü duygularınızı formatlayacaksınız.

Eğer en çok rahatladığınız "özel" noktayı bulduysanız artık formatlama sırasında, kaç kez vurduğunuzu yaklaşık olsa da saymayı tamamıyla bırakacak ve sadece bu noktayı kullanacaksınız.

Azalma yaşamadıysanız

Eğer vuruşlara ve turlara rağmen hiçbir şekilde deşarj yaşamadıysanız beyniniz hissedilen duyguyu temizlemeye izin vermiyor demektir. Bu durumda önce kilidi açmamız gerekecektir.

Kilidi açmak

Biz KİLİDİ AÇMA işlemini sadece "özel noktamızı" bulmak için uygulamayacağız. Biz "kilit açma işlemini" temizlemeye çalıştığımız duygular azalmadığı sürece sürekli uygulamak durumundayız.

DUYGU AZALMIYOR = GİT KİLİDİ AÇ!

Unutmayın! Eğer herhangi bir uygulama sırasında, duygu deşarj olmuyorsa, her zaman hemen kilidi açma işlemi aklımıza gelmeli.

Peki, kilidi açalım... Ama nasıl?

Burada yapacağımız, beynimize soruna rağmen her şeyin yolunda olduğunu, duyguyu bırakmasını emretmek... Hem de gerekirse bağırarak!

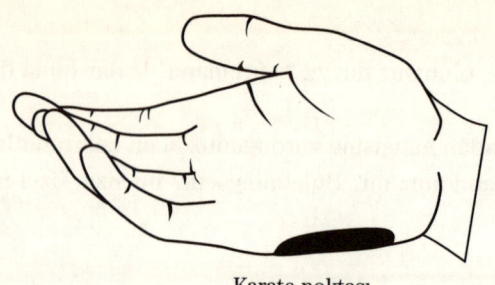

Karate noktası

Baskın olmayan elinizin (sağlaksanız sol, solaksanız sağ) şekilde gösterilen "karate noktası" olarak bilinen noktasına diğer elimizin parmaklarıyla yavaşça vurarak, soruna rağmen kendimizi çok sevdiğimizi ve hissettiğimiz bu duyguyu "serbest bıraktığımızı" haykıracağız. Bundan sonra, kitap boyunca kilidi açarken kullanacağımız ifadeden KİLİT İFADESİ olarak bahsedeceğiz.

KİLİT İFADESİ oluştururken aşağıdaki formülü kullanmaya çalışın. Kuralcılık yaparak süreci tabii ki "kilitlemeyin" ama mümkün olduğunca kurduğunuz kilit ifadesi aşağıda vereceğim maddeleri içersin.

• Duyguyu hissetme nedenlerimiz
• Duygunun tarifi, hissettiğimiz yer(ler)
• Buna rağmen kendimizi sevmek ve duyguyu serbest bırakmak

Daha önce üzerinde çalıştığımız, "işte başarısızlık" örneğinden devam edelim. Olumsuz hissetme nedenlerimiz aşağıdaki gibiydi...

"Annemle babam, zaten okul hayatında başarısız olduğum için, abimler benden çok daha iyi durumda olduğu için ve başkalarının çocukları benden çok daha başarılı oldukları için çok üzülüyor. Annem ve babam beni iş hayatında çok başarısız görüyor."

Örnek kilit ifadesi	
Duyguyu hissetme nedenlerimiz	"Annemle babam, zaten okul hayatında başarısız olduğum için, abimler benden çok daha iyi durumda olduğu için ve başkalarının çocukları benden çok daha başarılı oldukları için çok üzülüyor. Annem ve babam beni iş hayatında çok başarısız görüyor."
Duygunun tarifi, hissettiğimiz yer(ler)	"Kalbimde ve karnımda bu yüzden hissettiğim bu soğuk ve acı duyguya..."
Buna rağmen kendimizi sevmek ve duyguyu serbest bırakmak	"Rağmen kendimi bu halimle çok seviyorum. Ve artık ihtiyacım olmadığı için, bu duyguyu tamamıyla serbest bırakıyorum."

Cümleleri, kelimeleri ezberlemenize gerek yok. Söyleyeceklerinizin benzer mana taşıması yeterli. Ancak eğer kilidi açamıyorsanız aynı KİLİT İFADESİNİ gerekirse bağırarak tekrarlayın. Bağıramıyorsanız, en azından motive ve inanarak, cümleyi hissederek içinizden bağırın. Özellikle "serbest bırakıyorum" derken "serbest" kelimesine vurgu yapmanızı tavsiye ederim.

KİLİT İFADESİNİ sadece ilk söyleyişinizde karate noktanıza vurun. İfadenin tamamını 1 kez söyledikten sonra, karate noktanızdan deşarj noktalarına geçecek, aynı ifadeyi 4 deşarj noktasına (belirlediyseniz özel noktanıza) vururken tekrar edeceksiniz.

Kilidi açtıktan sonra tekrar temizleme

Şimdi aynı KİLİT İFADESİNİ tekrar ederken 4 deşarj noktasına vurma zamanı.

Kilit açıldığı için, artık duygunun azalıyor olması ve sizin hangi noktada daha fazla rahatlama yaşadığınızı hissediyor olmanız gerekiyor. Azalma yaşıyor olsanız da, hâlâ en etkili "özel noktanızı" belirleyemediyseniz de merak etmeyin. Bunu yapabilmek için önünüzde uzun zaman var...

Bu arada bazen duygular, belli bir süre "deşarj" olduktan sonra yeniden kilitlenebilirler. Eğer belli bir süre sonra duygunun deşarjı durduysa, "kilidi açma" işlemini tekrar etmeniz gerekiyor. Yani KİLİT İFADESİNİ 1 kez tekrar ederken, karate noktanıza vuracaksınız. Tabii sonra deşarj noktalarına döneceksiniz.

Evet, duygu temizlenene kadar...

Duyguların yer değiştirmesi

Uygulama sırasında yaşayacağınız durumlardan biri, hissettiğiniz duygunun tam temizlenmeden yer değiştirmesi olacaktır. Mesela, deşarj noktalarına vuruş sırasında kalbinizdeki olumsuz, sıcak bir duygunun, karnınızın biraz üstüne kaydığını hissedebilirsiniz. Merak etmeyin, yapmanız gereken yine aynı. Yeni bir KİLİT İFADESİ oluşturacak, hissettiğiniz yeni noktadaki duyguyu da benzer bir şekilde temizleyeceksiniz. Tabii ki yeni KİLİT İFADESİNİ oluştururken, hissettiğiniz yeni duyguyu ve yerini tarif edeceksiniz.

Bu sık yaşanmasa da, duygular maksimum 3 ya da 4 kez yer değiştirebilirler. Merak etmeyin, yapacağınız şey oldukça basit...

Özel noktamı bulamıyorum!

Acele etmeyin. Özel noktanız bariz değilse, uygulama sırasında 4 deşarj noktasını da kullanabilirsiniz.

Aslında, "özel noktanızın" sadece tek nokta olmasına gerek yok. Dilerseniz 2 ya da daha fazla nokta da kullanabilirsiniz. 4 noktayı kullanmakta da tabii ki serbestsiniz. Ancak size tavsiyem, uygulama sırasında hızlı deşarj ettiğiniz nokta ya da noktaları daha fazla kullanmanız.

Bu arada, popülerliğe göre, "özel" noktalar sırasıyla aşağıdaki şekilde sıralanıyor.

1- Kafa   2- Kaş başı   3- Köprücük   4- Şakak

Açıkçası, kendi üzerimde yaptığım çalışmalar da dahil olmak üzere, benim her zaman cepte olarak gördüğüm en önemli özel nokta kafa üstüdür. Zaten tanımadığım bir kişiyle çalışırken vuruşlara her zaman kafa üstünden başlarım.

NeuroFormat® Vuruşları

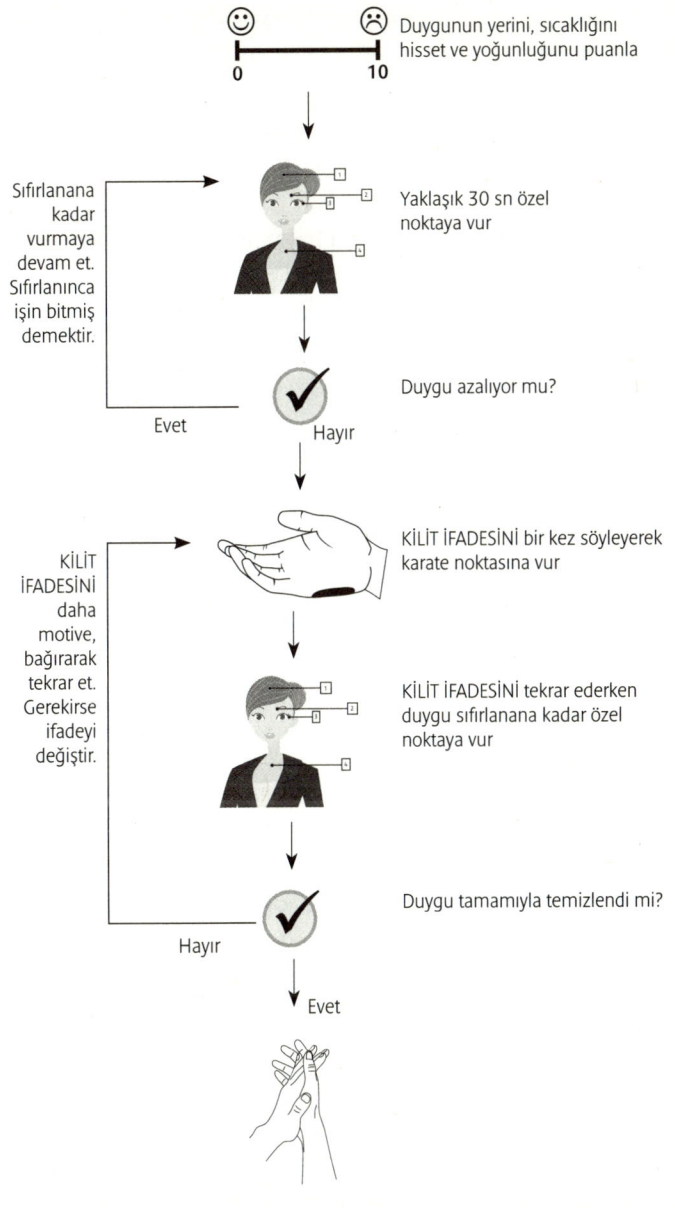

Duygunun yerini, sıcaklığını hisset ve yoğunluğunu puanla

0 — 10

Sıfırlanana kadar vurmaya devam et. Sıfırlanınca işin bitmiş demektir.

Yaklaşık 30 sn özel noktaya vur

Duygu azalıyor mu?

Evet

Hayır

KİLİT İFADESİNİ daha motive, bağırarak tekrar et. Gerekirse ifadeyi değiştir.

KİLİT İFADESİNİ bir kez söyleyerek karate noktasına vur

KİLİT İFADESİNİ tekrar ederken duygu sıfırlanana kadar özel noktaya vur

Duygu tamamıyla temizlendi mi?

Hayır

Evet

Şimdi daha önce kullandığımız "iş hayatında kendimizi başarısız hissetme" örneğinden devam ederek soru işaretlerini temizleyelim...

Aşağıdaki OLUMSUZ ifadeyle duyguları tetikleyip sonra bunu nasıl temizleyeceğimizi detaylandıralım.

"Annemle babam, zaten okul hayatında başarısız olduğum için, abimler benden çok daha iyi durumda olduğu için ve başkalarının çocukları benden çok daha başarılı oldukları için çok üzülüyor. Annem ve babam beni iş hayatında çok başarısız görüyor."

Eğer, yukarıdaki OLUMSUZ ifadeyle bir göz pozisyonundaki duyguyu temizleyeceksek, uygulama sırasında mümkün olduğu kadar aynı göz pozisyonuna bakıyor olmamız gerekiyor. Mevcut uygulama sırasında göz pozisyonlarını kullanmıyorsanız gözlerinizin nereye baktığının bir önemi yok. Olumsuz duyguya odaklanmanız yeterli...

Kötü duyguyu yakaladınız. Şimdi onu hissetmeye çalışın.

Vücudunuzda tam olarak nerede?

Nasıl bir duygu?

Sıcak mı soğuk mu?

Yoğunluğunu puanlayın. Belli bir süre sonra puanlamayı bıraksanız da, duygunun ne kadar yoğun olduğunu hissetmeye çalışın.

Özel noktanızı biliyorsanız

Özel noktanızı daha önce bulduysanız doğrudan sadece bu noktaya vurun. Duygu azaldı veya azalmaya devam ediyor mu?

Cevabınız "EVET"se, sadece vurmaya devam edin... Duygu tamamıyla sıfırlanana kadar.

• **Peki ya duygu kilitliyse ve vuruşlara rağmen olumsuz duygu deşarj olmuyorsa?**

İşte o zaman kilidi açmamız gerekiyor. Aşağıdaki KİLİT İFADESİNİ tekrarlayacaksınız. İlk tekrarda karate noktasına vuracak, diğer tüm tekrarlardaysa özel noktanıza geçeceksiniz.

"Annemle babam, zaten okul hayatında başarısız olduğum için, abimler benden çok daha iyi durumda olduğu için ve başkalarının çocukları benden çok daha başarılı oldukları için çok üzülüyor. Annem ve babam beni iş hayatında çok başarısız görüyor. Kalbimde ve karnımda bu yüzden hissettiğim bu soğuk ve acı duyguya rağmen kendimi bu halimle çok seviyorum. Ve artık ihtiyacım olmadığı için, bu duyguyu tamamıyla serbest bırakıyorum"

Duygu sıfırlanana kadar, ifadeyi tekrarlamaya ve özel noktanıza vurmaya devam edin...

Eğer duygunun tekrar kilitlendiğini yani yine azalmadığını hissederseniz tekrar karate noktanıza geçin. Ve tabii ki daha sonra özel noktanıza dönmelisiniz.

Ne kadar karate noktası, ne kadar özel nokta kullanacağınız biraz da kilidi ne kadar hissettiğinizle ilgilidir... Ancak burada karate noktasının sadece kilit açtığını, asıl deşarjın özel noktanızla sağlanacağını hatırlatmakta yarar var.

Özel noktanızı bilmiyorsanız

Olumsuz duygu hissedip puanladınız. 4 deşarj noktasına da yaklaşık 10'ar kez vurun.

• Rahatlama yaşanıyor mu?

Cevap "evet"se, en çok rahatlama yaşadığınız nokta özel noktanızdır. Eğer emin değilseniz, 4 noktaya da vurmaya devam edebilirsiniz.

• Ne zamana kadar?

Tabi ki duygu sıfırlanana kadar... Bu arada özel noktanızdan emin olduysanız, diğer noktalara vurmayı azaltıp, sadece o noktaya vurabilirsiniz.

• Peki ya vuruşlar sırasında hiç azalma yaşamadıysanız?

Tahmin ettiğiniz gibi kilidi açmanız gerekiyor. Biraz önce bahsettiğim gibi KİLİT İFADESİNİ motive, inançlı bir şekilde 1 kez tekrar ederek sadece karate noktanıza vurun. Daha sonraki tekrarlarda hemen 4 deşarj noktasına geçeceksiniz. Her deşarj noktasına yaklaşık olarak 10 kez vurun. Kilit açılınca, deşarj yaşanırken, bu sizin için özel noktanızı bulma fırsatı olacaktır.

Daha önce söylediğim gibi, özel noktanızı bulmak için acele etmenize gerek yok. Bunu çok tavsiye etmesem de, tüm uygulamalarınıza özel noktanızı hiçbir zaman bulamadan da devam edebilirsiniz. Uygulamalarınızı "özel noktasız" yapmayı tercih ederseniz, KİLİT İFADENİN ilk tekrarını karate noktanızda yapın, daha sonraki tekrarlarda 4 noktaya vurun. Ve duygu azalana kadar 4 noktayı sürekli turlayın.

NeuroFormat® tekniğini bu aşamada biraz karışık bulmuş olabilirsiniz. Hiç bilmediğiniz, denemediğiniz bir konu sonuçta ve biraz kafanız karışmış da olabilir, merak etmeyin! Aslında belli bir süre sonra işiniz çok kolaylaşacaktır. Hatta biraz daha pratik kazandıkça, moralinizin bozulduğu herhangi bir anda, sadece gözlerinizi tarayıp duyguyu hissederek, özel noktanıza vurarak 3-5 dakika içerisinde ciddi bir kaygınızdan kurtulabileceksiniz!

Lütfen sabredin ve sürecin otomatikleşmesi, beyninizin bu sürece alışması için tekniğin bol bol uygulamasını yapın.

Gerçekten hayatın çok kolaylaştığını, artık negatif duygulardan çok kısa sürelerde kurtulabildiğinizi görecek, idrak edeceksiniz. Hayatınızdaki kötülükleri temizleyebilmenin gücünü hissettikten sonrası zaten hep yokuş aşağı olacaktır ☺.

Tekniğin mekaniği belli bir süre sonra size oldukça basit gelmeye başlayacaktır. Evet, belli bir zaman alacağı kesin olsa da, sonraki aşamalarda asıl başarının, üzerinde çalışılacak konuların doğru belirlenmesi ve tümüyle temizlenmesinde olduğunu anlayacaksınız. Bir başka deyişle, asıl mucize sorunların nedenini doğru tespit ederek, olumsuz duygulara mümkün olduğu kadar kapsamlı ve yoğun olarak odaklanmak ve ortaya çıkarılan her şeyi bir bir temizlemekte yatıyor.

Hayatımız milyonlarca küçük anın birleşimi, hayat süresince binlerce irili ufaklı kötü olay yaşıyoruz. Ancak, bizim süremiz kısıtlı. Bütün hayatımızı temizleme imkânımız ne yazık ki yok. O yüzden doğru teşhis ve doğru öncelikler koyarak çalışmalarımızı yapmamız gerekiyor. İşte teşhis sanatı da burada devreye giriyor. Hangi anları temizlersek, ne olur? Tersten gidersek, sorunumuzdan kurtulmamız için nasıl bir yaklaşım içine girmeliyiz? Temizlemeye nereden başlamalıyız?

Tekniğin mekaniğini doğru öğrenmekten ziyade asıl başarı, doğru analizi yapmaktan geçiyor.

89

Biz bu tekniklerle sadece odaklandıklarımızı, yüzeye çıkarabildiklerimizi temizleyebiliyoruz. Yüzeye çıkarmak için de tetiklememiz gerekiyor. Tetiklemek için resim, ses ve en önemlisi cümleleri kullanıyoruz. Kitabımızın en önemli kısmı da, hangi olumsuz ifadaleri kullanarak duyguları tetiklememiz gerektiğini anlatan bölümler. Kitapta sürekli olarak, üzerinde uğraştığınız konuya göre, olumsuz duyguları tetiklemekte kullanacağınız OLUMSUZ ifadeleri nasıl oluşturacağınızı göreceksiniz. Tekniğin mekaniğini doğru uygulamaktan daha önemlisi işte bu olumsuz ifadeleri doğru oluşturmak. Zaten, o an hissettiğiniz olumsuz duygunun temizlenmesi eğer yanlış bir uygulama yapmıyorsanız, aslında "cepte". İşte bu yüzden hüner, mekaniği uygulamaktan ziyade doğru resim, ses ve olumsuz ifadelerle olumsuz duyguyu mümkün olduğu kadar tetikleyebilmekte.

Tüm süreç boyunca şunu asla aklınızdan çıkarmayın: Biz sadece yüzeye çıkardıklarımızı temizliyoruz. Onları yüzeye çıkarabildiğiniz sürece doğru yoldasınız. Onlar çıktığı sürece çalışmalarınıza devam edin.

Tetiklemeye çalışmaktan çekinmeyin. "Ben negatiflere odaklanmak istemiyorum" diye asla düşünmeyin. Yaptığınız şey, aslında onlara son bir kez odaklanmak.

Çalışma sırasında o an odaklandığınız konu sizi üzerken, korkuturken, öfkelendirirken, çalışma sonrasında siz ne kadar uğraşırsanız uğraşın bir şey hissettirmeyecektir. Zaten, çalışma sonrasında üzerinde uğraştığınız sorunu hâlâ farklı ifadelerle tetikleyebiliyorsanız, henüz çalışmanız bitmemiş anlamına gelmektedir.

Kullandığınız ifadeler sizin kendi cümleleriniz olmalı. Bu ifadeleri kullanırken rahat ve doğal olun.

Süreç sırasında, problemi anlatmak için kendi dilinizi kullanın. Sanki en yakın arkadaşınıza anlatıyor gibi günlük dili tercih edin. Sorunu kesinlikle kelimelerinizle hafifletmeye ya da "toplum tarafından kabul edilebilir" olmaya çalışmayın. Hatta mümkünse, abartılı kelimeler kullanmanız yararlı olacaktır. Eğer, küfretmeniz gerekirse öyle yapın çünkü problemi en iyi şekilde ortaya çıkarabilecek kelimeler, sadece sizin günlük hayatta kullandıklarınızdır. Aslında, söyledikleri-nizin, kimse için bir anlamının olmasına dahi gerek yok. Asıl amaç, düşüncelerinizle ilgili negatif duygunun yüzeye çıkmasıdır.

Yanlış yapmanız gibi bir ihtimal yok, duygu ortaya çıkarıyor ve zaten temizliyorsanız doğru yoldasınız demektir. Süreç boyunca lütfen yanlış yapma korkusunu aklınızdan çıkarın. Böyle bir ihtimalin ol-madığına tüm kalbinizle inanın.

NeuroFormat® vuruşlarını yaparken, birden fazla parmak kullanarak geniş bölgeyi kapsayın. Böylece, doğru noktaya vurduğunuzdan emin olmuş olursunuz. Vücudun sağ ya da soluna vurulmasının da bir öne-mi yok. Bu konuda serbestsiniz, size kolay gelen tarafı kullanabilirsiniz.

Noktalara vurunca aslında ne oluyor?

Vurduğumuz noktalar, aslında vücudumuzdaki çok önemli aku-punktur noktaları. Bu önemli nörolojik merkezlerin elektrik direnci vücudumuzdaki diğer noktalara göre 40 kat daha düşük. Bu nokta-lara parmak uçlarıyla baskı uygulandığı zaman, yaratılan, ortalama 70 mikro voltluk enerji, düşük direncin yardımıyla beyne her şeyin yolunda olduğu mesajını elektriksel olarak veriyor.

Parmaklarımızla yapılan şey, o an mevcut tehlike algılamasına rağ-men, beyne her şey yolunda sinyali göndermek. Böylece, otomatik tepki "kısırdöngüsü" bir kez bozulduğunda, tamamıyla silinmiş oluyor.

Otomatikleşmiş NeuroFormat®

Aslında ideal uygulamamız oldukça basit. Gözlerinizi tarayarak OLUMSUZ ifadeyle bulduğumuz tüm olumsuz duyguları, tek bir de-şarj noktasına devamlı vurmaya devam ederek temizliyoruz. Ve bu-nu her göz pozisyonu için ayrı ayrı yapıyoruz.

NeuroFormat® sistemini belli süre uygulayıp tecrübe kazandıktan sonra, uygulamanız bu kadar basit olacaktır. Duyguları gözlerle ya-kala ve tek noktaya vurarak temizle... Hepsi bu işte!

Gerçek hayatta Neuroformat®

Tekniklerin "kabasını aldık" ☺. Şimdi uygulamanın detaylarına gireceğiz. Farkındayım, belki hâlâ "Biz bunları ne yapacağız? Hem birkaç teknik öğrenmekle hayat mı değişir kardeşim!?" diyorsunuz.

Sakin olun ☺. Evet, çok şey değişecek, söz!

Ama sıkı çalışacağız. Hayatımızı değiştirmek istiyorsak kendimiz üzerinde çalışmaktan daha etkili ne olabilir ki!

Bu arada, kitabımızın çok önemli bir bölümünün olumsuzlukları bulup onları tamamıyla hayatımızdan atmak üzerine olduğunu göreceksiniz. Bir şeyi atabilmek için önce ona ulaşmak, sonra elinde tutmak ve sonra da atmak için güç sarf etmek gerekir.

Hayatımızdaki kötülükleri "zararlı otlara" benzetelim. Bizim amacımız onların farkına varmak, tam olarak yerlerini tespit etmek ve onları kökünden çekip atmak olacaktır.

Bir başka deyişle hayatımızdaki kötü şeyleri temizlemek için onların farkına varıp, onları yaratan nedenleri ve duyguları tetikleyip tamamıyla "formatlamalıyız".

Hayatımızdaki
sorunlar,
korkular,
travmalar...

93

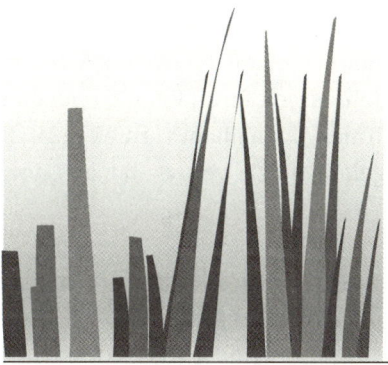

Diğer
yöntemlerle
elde edilen
sonuç.

NeuroFormat®
sistemiyle elde
edilen sonuç.

Zararlı otları üstten biçmek yerine kökünden çekip çıkarmak.

Evet, tekrar itiraf etmek isterim ki, bu her zaman çok keyifli bir süreç olmayabilir. Ancak, belli bir çalışmayla hayatınızda problemleri nasıl yok ettiğinizi, sağladığınız iyileşmeleri gördükçe, yaparken tecrübe kazanıp hızlandıkça NeuroFormat® sistemini hayat boyu kullanacağınızdan eminim.

Sorunlarınızı artık formatlayabileceğinizi bilmek, hiç yapmasanız bile size paha biçilmez bir rahatlık sağlayacaktır. Evet, "gitmeseniz de, görmeseniz de" o köy sizin köyünüz olmaya devam edecek.

Kendimi tekrar etmek pahasına bir kez daha söylemek istiyorum: Bu kitabı okuyup sadece bilgi edinmenizin yararı çok sınırlı olacaktır. Bilgi edinmeniz sadece bilinçli beyninize hitap edecek; tekrar etmediğiniz sürece, öğrendiğimiz çoğu bilgiler gibi, buradan öğrendiklerinizin tamamına yakını da belli bir süre içinde unutulacaktır.

Ayrıca, bu kitaptan çok daha eğlenceli, hatırınızda kalacak ilginç bilgilerle dolu birçok farklı kitap da bulabilirsiniz. Zira amacım sizi eğlendirmek ya da ilham vermek değil. Bu kitabın yararını özellikle uyguladığınızda ve uygulamaya devam ettikçe göreceksiniz.

Amacım, bilinçaltınızı ne kadar hızlı
değiştirebileceğinizi size göstermek
ve belki çok klişe olsa da,
HAYATINIZI DEĞİŞTİRMEK!

Ne kadar ciddiye aldığınız, buna ne kadar ihtiyacınız olduğu, şu anki mevcut hayatınız ve sorunlarınızı çözmek konusunda ne kadar motive olduğunuz sonucu belirleyecek.

Ve başarı sebatla gelecek!

Eğer hayatınızda değiştirmek istediğiniz bir alan yoksa, bence bu kitabın teori bölümlerini, hangi konularda uygulama yapabileceğinizi okuyun ve daha sonraki bir zamanda okuyup, uygulamaları yapmak için kenara koyun. Sadece, gerektiğinde kullanabileceğinizi bilin ve başka bir zamana bırakın.

Şimdi ikinci bir uyarı geliyor: Her şeyin başlangıcı çok daha zordur! Ve genelde çoğu gelecek vaat eden proje, henüz bir yere gelemeden ilk başlarda terk edilir. Öğrendiğiniz her yeni sistemi ilk başlarda daha disiplinli şekilde uygularsanız, ona devam etme ihtimaliniz çok daha yüksek olur. Zira zor zamanlarda disiplin ve azim içerisinde sebat ederseniz, daha sonrasında zaten tecrübe kazandığınız ve sonuç aldığınız için, size çok yararlı olabilecek bir sistemi hayat boyu bırakmazsınız.

Şimdi bu teknikleri hayatımızı güzelleştirmek, hedeflerimize ulaşmak için nasıl kullanacağımızı görelim.

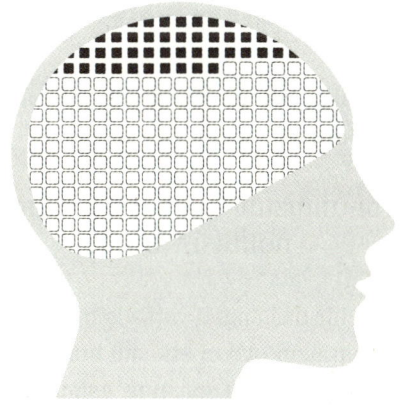

Sorunlarımızın
nedenleri

"Biz nasıl biz olduk?" diye sormuştuk. Güçlü yanlarımızla ve problemlerimizle bizim biz olmamızın iki nedeni vardı. Çok basitçe, YAŞADIKLARIMIZ ve BAŞKALARI.

Aslında temizlik işlemine başlarken sormamız gereken soru oldukça farklı... Soru şu:

"Sorunumuzun çok bariz bir başlangıç noktası var mı?"

Sorunumuzun bir başlangıcı varsa işimiz daha kolay olacaktır. Biz o soruna sebep olan olayın etkisini bilinçaltımızdan temizlersek sorunumuzdan kurtulma şansımız aslında oldukça yüksektir.

Peki ya sorunumuzu kendimizi bildik bileli yaşıyorsak? Ya da sorunumuz yetiştirilme tarzımıza, birkaç değil, hayatımız boyunca yaşadığımız tüm olaylara dayanıyorsa?

Evet, itiraf ediyorum. Başlangıcı olmayan sorunlarda, işimiz biraz daha uzun sürebiliyor. Tabii ki, konuyla ilgili hayatımızdaki tüm olayları temizlemeye uğraşmıyoruz. Belli başlı büyük olayları "formatlamamız" yararlı olsa da, yaklaşımımız sorunun ne olduğuna göre değişebilir.

Başlangıç noktası var

Başlangıçta belli sorunların temizlenmesi çok daha çabuk olabiliyor.

Başlangıç belliyse şimdi şu soruyu soralım:

"Rahatsızlık başlamadan bir sene öncesi itibariyle, hayatımda hangi olumsuz olaylar yaşandı?"

Uygulamalarımızda en çok kullanacağımız yaklaşım, sorunlarımıza sebep olan, hayatımızdaki "belli kötü olayların" etkisini bilinçaltımızdan temizlemek.

Travmaları çözmek = Altın vuruş

Hayatınızda neyi çözmek isterseniz isteyin, size ilk olarak konuyla ilgili olabilecek travmalardan başlamanızı öneririm. Zira travmaları temizlemek, "altın vuruş" yaparak çok hızlı yol almanızı sağlayacaktır. Neden travmalar altın vuruş imkânı tanıyor?

Bunun nedeni beynin yaşadığımız çok kötü olaylarda "büyük kararlar" alabilmesi ihtimali. Özellikle, kitabın sonunda sağlık bölümünde detaylı olarak inceleyeceğimiz gibi duyguların tavan yaptığı anlarda buna paralel olarak beynimizde, psikolojimizde ve vücudumuzda önemli değişikler olabiliyor.

Bir başka deyişle, büyük travmalardan sonra, psikolojik ve biyolojik değişiklikler yaşıyoruz. Aslında çoğu zaman asıl mesele, üzerinde çalıştığımız soruna göre "hangi travma" üzerinde çalışmamız gerektiğini bulmak oluyor?

Daha önceki benzetmemizden yola çıkarsak, beynimizin içindeki büyük labirentte yolumuzu bulmak için elimizde bir haritaya ihtiyacımız var. Tabii ki hayatımızdaki her kötü olayı temizleyemeyiz. Sorunumuzun nedeni olabilecek "şüpheli" olayların sayısını azaltmalı ve öncelik sırasıyla onların üzerinde birer birer çalışmalıyız.

Doğru travmaları bulmak için üzerinde durmamız gereken önemli kriter zamanlama. Sonuçta, üzerinde çalıştığımız problemin bir başlangıç noktası varsa, üzerinde çalıştığımız travmaların da o başlangıç noktasından önce yaşanmış olması gerekiyor.

Travmanın, sorun başlamadan kısa süre önce (1 sene önceye kadar) tecrübe edilmesi ya da hayatımızda o konuda yaşanmış ilk tecrübe olması, "formatlanması" açısından önceliğini arttırıyor.

Diğer önemli kriterse, travmanın yaşanılan sorunla bir şekilde ilgili olması. Mesela, topluluğa karşı konuşmakta sorun yaşayan birisinin temizlemesi gerekenler yine benzer şekilde yaşanan olaylar olmalıdır.

Bazen hangi travmaların yaşanılan sorunla ilgili olduğu bu kadar "net" olmayacaktır. Özellikle sağlık konularında, hangi travmaların yaşadığımız sağlık sorunlarına sebep olabileceğini belirlemek için, bilinçaltının "tehditlere" tepki verme mantığını iyi anlamak gerekiyor. Zaten sağlık bölümünde bu konuyu en basit haliyle bulacaksınız.

Travmaları formatlayarak birçok farklı problemi hayatımızdan temizleyebiliriz. Kitabımızın ilerleyen bölümlerinde birçok kez benzer şekilde "travma" temizleyeceğiz.

Bunu nasıl mı yapacağız? Aslında, çok basit NeuroFormat® Hikâye Tekniğini kullanarak!

Travmaları beğenmemezlik etmeyin!

Belli bir sorun üzerinde çalışıyor ve hangi travmalarınızın üzerinde çalışmanız gerektiğini bulamıyorsanız 3 önemli noktayı aklınızdan çıkarmayın.

Olayın başkaları için ne kadar travmatik olabileceğinin hiç ama hiç önemi yok. Tek önemli kriter, sizin "subjektif" (size özel) olarak ne kadar etkilendiğiniz. Bu açıdan, başkaları için önemsiz gelebilecek konuları, eğer sizin için yaşandıkları zaman "büyük olumsuz duygulara" sebep oldularsa pas geçmemek önemli.

İkinci önemli noktaysa, şu an belki size komik gelen olayları o zamanki beyninizin kapasitesinde değerlendirmek... "Evet, geçtiler gittiler, benim için artık ne önemi olabilir ki" diye düşünüyor olabilirsiniz. Meseleleri, o zamanki beyninizin kapasitesinde değerlendirmeniz önemli. Zaten, beyniniz tarafından "o dönemde" önemli olarak algılandıkları için ve hâlâ bu bilgiler beyninizde fiziksel olarak var olduğu için yaşadığınız sorun her neyse onu yaşıyorsunuz.

Aslında son madde çok bariz. Yine de, sürekli bu yanlışı yaptığımız için tekrarlamakta yarar görüyorum. Unutmayın ki "siz bir anda siz olmadınız". Beyniniz, bedeniniz, kısacası siz geçmişte yaşadıklarınızın sonucusunuz. Eğer, 6 aylıkken sizi sakat bırakabilecek bir kaza geçirmiş olsaydınız, bunun etkilerini fiziksel olarak yaşamaya devam ederdiniz. Bunu geçmişten kalan yara ve dikiş izlerinden canlı

canlı görebilirsiniz. Bu sadece görünen fiziksel özellikler için değil, beyniniz, karakteriniz ve rahatsızlıklarınız için de geçerli.

İşte bu nedenlerden dolayı, kaç yaşında yaşanmış olurlarsa olsunlar, geçmişin yarattığı olumsuzlukları beyinden formatlamamız bizim için çok büyük bir önem ve değer taşıyor.

Kötü olayları
formatlamak

Aşağıda sizinle paylaşacağım Hikâye Tekniği sizin NeuroFormat® sistemini kullanarak geçmiş hayatınızı temizleyeceğiniz en önemli silahınız olacak. Geçmişte yaşadığınız birçok olayı bu tekniği kullanarak temizleyebilir, o olayların üzerinizdeki kötü etkilerinde kurtulabilirsiniz.

NeuroFormat® Hikâye Tekniği

Yapacağımız şey oldukça basit. Hikâyeyi anlatıp yaşarken NeuroFormat® tekniğini uygulamak!

1- NeuroFormat® duruşuna geçin. Sizi rahatsız eden bir olayı tekrar yaşayacaksınız. Gözlerinizi kapatın, üzücü olay başlamadan 30 saniye öncesine gidin. O anı, aynı şekilde yaşamanızı istiyorum. Kendi bedeninize girin, kendi gözlerinizde o ana geri dönün (eğer siz bir uçaksanız, uçağı dışarıdan görmeyin, kokpitten dışarıyı göreceksiniz) ve anlatmaya başlayın.

2- Sesli olarak, sanki karşınızda birisi varmış gibi en başından başlayın. Hikâyenin özellikle başını detaylı tutmaya çalışın. Mekânı, zamanı, insanları detaylandırın. Kuracağınız her yeni cümle, vereceğiniz her yeni detay, beyninizde problemle ilgili farklı bir yeri, bölgeyi harekete geçiriyor olacak.

3- Duygusal olarak yoğunlaştığınızı hissettiğiniz bir noktaya geldiğiniz zaman, hikâyede odaklandığınız, sizi üzen unsurun ve vücudunuzda yarattığı kötü duygunun farkına varın. Sizi üzen bir görüntü, karşınızdaki insanın bir bakışı, sesi, söyledikleri gibi birçok şey olabilir.

4- Şimdi gözleriniz kapalı bir şekilde tarama yapacaksınız. Şu an oradasınız, yaşadığınız olayı ilk kez yaşıyorsunuz. O an ne görüyorsanız, bulunduğunuz ortamda sol üst köşeden başlayarak ortamı tarayın, sizi üzen düşünceler, sesler, görüntüler hâlâ aklınızdayken. Baktığınız bir noktada bu durum sizi daha fazla üzecek. O noktayı bulun...

Bir kaza travmasını temizlemek: Çarpma anını gözümüzde canlandırarak göz taraması yapıyoruz.

5- Olumsuz duyguyu hissettiğiniz göz pozisyonunu bulduğunuz an, sizi üzen her şeye odaklanarak özel noktanıza vurun. Amacımız, konsantre olduğunuz, sizi üzen şeylere karşı tamamıyla hissiz duruma gelmeniz. Duygu azaldığı sürece, "özel noktanıza" vurmaya devam edin. "Kilidi açma" prosedürünü hiç uygulamayabilirsiniz, ancak kötü duygu hiçbir şekilde azalmıyorsa, dönüp kilidi açın.

6- İlk göz pozisyonu temizlenince, yeniden göz taraması yapacaksınız. Yine sizi üzen şeylere konsantre olarak, yeni göz pozisyonları bulacaksınız. Bulduğunuz göz pozisyonlarını, yukarıdaki şekildeki özel noktanıza vurarak temizleyin.

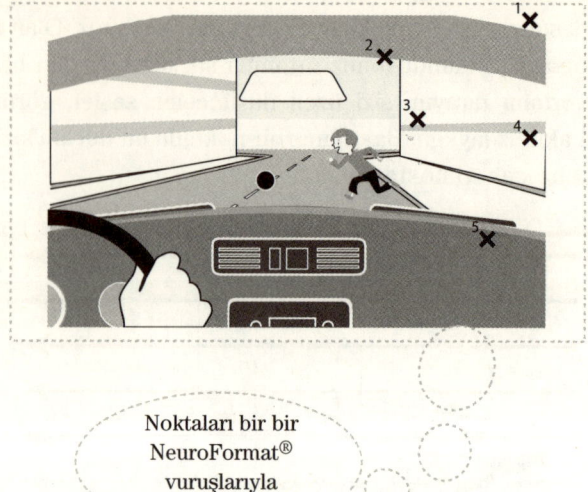

Noktaları bir bir
NeuroFormat®
vuruşlarıyla
temizliyoruz.

7- Duygu temizlenince, hikâyeyi biraz başa alın. Sizi üzen konunun üzerinden tekrar geçin. Hiçbir şey hissetmez hale geldiyseniz, hikâyenin bu bölümünü geçebiliriz.

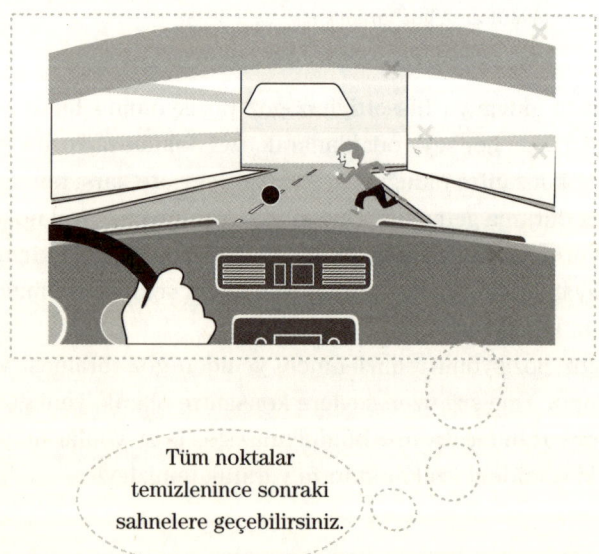

Tüm noktalar
temizlenince sonraki
sahnelere geçebilirsiniz.

8- Bu bölümünü çözdüğünüzü düşünüyorsanız, hikâyeyi bir sonraki duygu yoğunluğu hissettiğiniz bölüme kadar anlatmaya devam edin. Duygu hissettiğiniz an durmalı ve sizi neyin üzdüğünün, kızdırdığının, utandırdığın farkına varmalı ve yine uygulama yapmalısınız.

9- Hikâyenin baştan sona üstünden geçerek, tüm yoğunlukları sıfırlayana kadar, tüm kötü anları "formatlayın".

10- Hikâyeyi en baştan anlatmaya başlayın, kelimelerinizi değiştirin. Olayın farklı olumsuz yanlarını da görmeye çalışın. Hiçbir tepki almıyorsanız, işlem tamamdır!

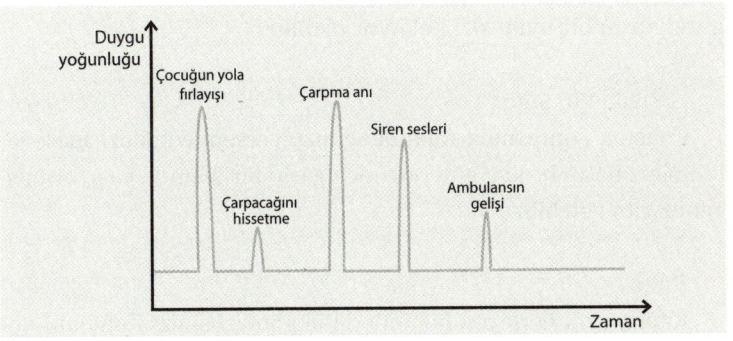

Travmanın sadece en önemli anlarını tarama yaparak temizlemeliyiz. Daha düşük yoğunluklu anlar için tarama yapmanıza gerek yok.

Dikkat etmeniz gerekenler

Uygulama sırasında, olayın belli bir anını temizlerken o an ortaya çıkabilecek olası duyguları temizlememiz oldukça önemli. NeuroFormat® Hikâye Tekniğiyle yaptığınız uygulamalarınızda çalışma sırasında aşağıdakileri hissedebilirsiniz.

Ağlama

En etkili çalışmalar, gerçekten kendinizi açtığınız ve ağladığınız zaman gerçekleşecektir. Özellikle, travmaların en kötü anlarında, doğru göz noktalarını bulduğunuz an ağlamaya başlamanız olası.

Ben zaman zaman çalışmalarımda bazı danışanlarımın travmalarını anlatırken, pek fazla duygu yaşamadıklarına şahit oluyorum. İtiraf etmek gerekir ki, en zorlayıcı danışan tipi, bu şekilde kendini kasarak duygu yaşamayı kontrol edenler. Onlarla çalış-malarım hep diğerlerine göre çok daha etkisiz geçer. Bunlardan biri olmama imkânınız varsa, olmayın ☺.

Terleme

Çalışma sırasında, travma yavaş yavaş çözülürken hem sıcak-layacak hem de terleyeceksiniz.

Yorgunluk

Yine iyi bir çalışmanın en büyük belirtisi, çalışma sonunda ya-şanan ciddi bir yorgunluktur. İyi ve etkili bir çalışma sonrası, çok güzel, uzun bir uyku sizi bekliyor olabilir.

Rahatlama, sarhoşluk

Çalışma sonrasında rahatladığınızı, sersemlediğinizi hissede-bilirsiniz hatta birkaç gün boyunca garip bir âlemde yaşıyormuş-sunuz gibi gelebilir.

Stres

Kitabımızın ilerleyen bölümlerinde göreceksiniz: Konunun do-ğasına göre beyninizde travma çözüldükten 1 saatten 2 haftaya ka-dar değişen bir süre içerisinde "iyileşme krizi" yaşayabilirsiniz. Me-rak etmeyin, sadece beyniniz iyileşme testini yapıyor.

Üzerinde çalıştığınız olayların yoğunluklarının tamamıyla sı-fırlanması gerekiyor. Özellikle, çok travmatik olayları tüm bile-şenleriyle çözmeye özen gösterin.

Ancak, yine de uyarmak isterim ki, eğer çalışmanız süresince si-zi çok rahatsız eden travmalarla karşı karşıya olduğunuzu hisseder-seniz, bir profesyonel ile çalışmanız daha doğru olacaktır. Teşhis ve müdahale konusunda tecrübeli bir bakış açısı, hem sürecin daha sancısız geçmesini, hem de çözümün kalıcı olmasını sağlayabilir.

Evet, hayatımızdaki tüm kötü olayları bulup sıfırlamak müm-kün değil. Ama zihnimiz, biz yeni olayları çözdükçe süreci genel-leyerek, stres seviyemizi azaltacaktır.

NeuroFormat® Hikâye Tekniğini başlangıcı belli olan sorunla-rın temizlenmesinde kullanacağız.

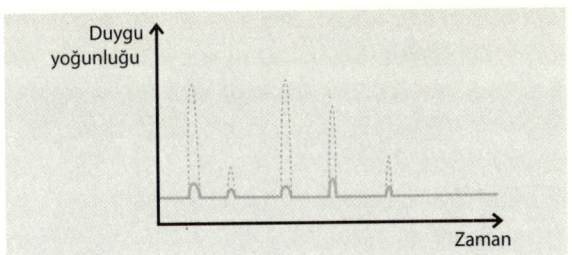

En önemli anlar temizlenince, travmanın beyindeki
ağırlığı da temizlenecektir.

ÖNEMLİ NOTLAR

Uygulama sırasında, olayı kendi bedeninizde yaşıyor olmanız, o an gördüklerinizi kendi gözlerinizle görmeniz çok önemli. Eğer, olayı başkasının gözünden (kendinizi dışarıdan görerek) yaşarsanız çok fazla duygu çıkmayacak, böylece etkili bir temizlik yapılamayacaktır. Önemli travmalarınızı Hikâye Tekniğiyle temizlerken, travmanın en yoğun anlarında gözlerinizle tarama yapmanın, böylece bulunan tüm göz pozisyonlarındaki duyguları formatlanmanın hayatımıza etkisi paha biçilmez. Ancak, bunu hakkıyla uygulayabilmenin disiplin ve zaman gerektirdiği de şüphesiz. Hangi anlarda gözlerinizi tarayacağınız biraz da, bu travmayı tamamıyla temizlemenin hayatınızdaki getirisiyle ilgili... Eğer çok önemli bir olay üzerinde çalışıyorsanız, göz taramasını tüm yoğun anlarda yapın.

Peki, hangi travmaların önemli olduğunu nereden anlayabiliriz?

Cevabımız çok basit. Olayı kendi kendinize anlatıp tekrar yaşarken çok yoğun duygular hissettiğiniz travmaların temizlenmesi hayatınızda büyük değişimler yaratacaktır. Özellikle, uygulama sırasında ağlayarak büyük bir duygusal patlama yaşadıysanız, bunun tüm anlarının tüm göz noktalarında temizlenmesi çok önemlidir.

Ancak, belli bir travma üzerinde çalışırken çok da fazla duyguya erişemiyorsanız bu olayı daha basit şekilde temizleyebilirsiniz. Önemli gördüğünüz anlarda göz noktalarını taramadan, hissettiğiniz duygu neyse NeuroFormat vuruşlarıyla temizleyebilir ve bir sonraki yoğun ana geçebilirsiniz.

Hangi travmaların daha önemli olduğunda karar sizin...

GENEL
TEMİZLİK

Özgürlük
prosedürü!

Biraz sonra sizinle paylaşacağım uygulamayı yapmanızı şiddetle tavsiye ederim.

Kendinize 10 gün boyunca, günde yarım saat zaman ayırarak, hayatınızda yaşadığınız en kötü 10 olayı temizleyecek ve geçmişinizden önemli oranda sıyrılıp "özgürleşeceksiniz"!

Bir *word* ya da *excel* dosyası açın ve şu ana kadar yaşadığınız tüm kötü olayların listesini yapın. Listeyi yaparken kendinize şöyle bir soru sorun:

"Hayatımdan bazı anları çıkarabilme, yaşadığım 1 dakika, 1 saat, 1 gün veya 1 ayı hiç yaşamama şansım olsa hangi zamanları seçerdim?"

Özellikle, hatırlayabildiğiniz çocukluk anılarına fazlaca önem gösterin. Olayların detaylarını yazmanıza gerek yok, sadece sizin ne olduğunu bilmeniz yeterli.

Yazdığınız her olayın yanına, bu olay ile ilgili şu an hissettiğiniz kötü duygunun derecesini, 0-10 arasında bir sayı vererek yazın. Liste, aşağıdakine benzer şekilde olacaktır.

Olaylar	Yoğunluk
3 sene önce arabamla geçirdiğim trafik kazası	7
......'in ölümü	9
13 yaşımda hocanın çalışmadığım halde sözlüye kaldırması ve sonrası	5
ÖSYM'yi kazanamadığımın açıklandığı gün	7
......'nin beni terk ettiği gün	6
5 yaşında sandalyeden düşüp kafamın yarılması ve dikiş atılması	7

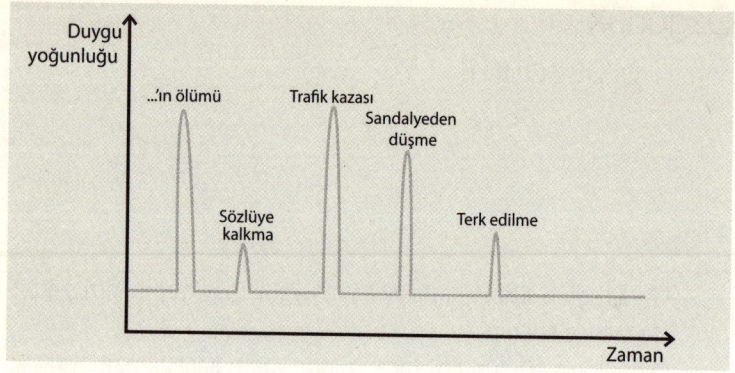

Tabii ki büyük travmaların etkisiyle daha küçüklerinki bir olmayacaktır. O yüzden çözmeye en güçlü travmalardan başlayarak 10 en "güçlü" travmamızı, her gün yaklaşık 30 dakika ayırarak formatlayacak, bu kötü olayların beynimizdeki etkilerini temizleyeceğiz...

Bu süreç sonunda, stresimizi arttıran, sağlığımızı bozan, yanlış inançlara sebebiyet veren birçok olayı çözmüş olacağız. Bu arada, stres seviyemizin çok azaldığını, hayatımızın çok daha güzelleştiğini, bazı sağlık sorunlarından kurtulduğumuzu tecrübe edebiliriz.

Belli bir süre sonra, büyük travmaları çözmüş olmanın etkisiyle rahatlayacak, belki de küçüklerle uğraşmak dahi istemeyeceksiniz.

Genel kaygı
temizliği

Hayatınızdaki 10 kötü olayı bilinçaltınızdan tüm parçalarıyla temizlerseniz, hayat algınız çok değişecektir. Ama sadece 10 travmatik olay, hayatı boyunca kötü şeyler yaşamış birini bir anda "Pollyanna" yapmaya yetmeyebilir. O yüzden gelin, 10 büyük değil, binlerce küçük olayın yarattığı kaygılarımıza, endişelerimize, korkularımıza doğrudan saldıralım ☺.

Bunu yapmak için, ilk önce kısa bir tekrar yapalım. İlk kitabımda bizi motive eden ana ihtiyaçları 12 farklı gruba ayırmıştık. Bu ihtiyaç listesinin aklımızda daha kolay kalması açısından her bir ihtiyacı NeuroFormat® saatindeki saatlere iliştirmiştik.

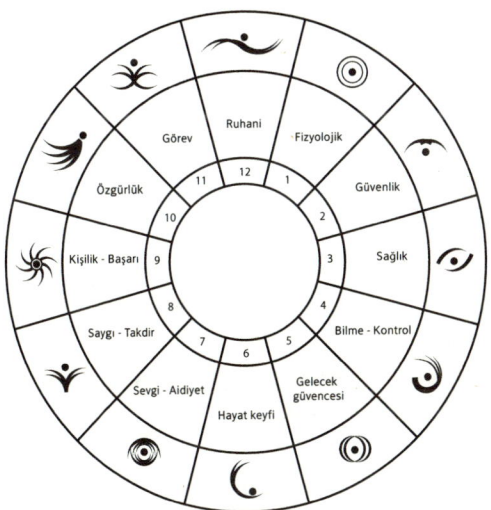

Temel ihtiyaçlar

- Fizyolojik ihtiyaçlar
- Sağlık
- Gelecek güvencesi
- Sevgi ve ait olma
- Kişilik, başarı
- Görevini yerine getirmek

- Güvenlik
- Bilmek, kontrol etmek
- Hayat keyfi
- Saygı, takdir görmek
- Özgürlük
- Ruhani ihtiyaçlar

Temel korkular

Aslında bilmemiz gereken şu ki, bizim temel korkularımız 12 temel ihtiyacımıza yapılan tehditlerdir.

- Fizyolojik ihtiyaçların karşılanmaması
- Şiddet ve ölüm
- Sağlığı kaybetmek
- Bilmemek, kontrol edememek
- Gelecek güvencemizi kaybetmek
- Keyif aldığımız ürünleri, aktiviteleri kaybetmek
- Yalnız ve sevgisiz kalmak
- Saygı, takdir görmemek
- Başarısız olmak
- Özgürlüğümüzü kaybetmek
- Görevlerimizi yerine getirememek
- Kötü, günahkâr insan olmak

Mesela para kaybetmek, işten atılmak, derslerimizde kötü not almak gibi durumlar aslında kendi başlarına hiçbir korku yaratamaz. Aslında biz işsiz kalmaktan ya da para kaybetmekten korkmuyoruz. İşsiz kalırsak hayatımızda olacaklardan korkuyoruz. Temel olmayan her korku, 12 temel korkudan bazılarını tetiklediğinden kaygı yaratıyor.

Mesela, derslerinde başarısız olmaktan korkan birinin asıl korkuları aşağıdaki gibi olacaktır.

- ~~Fizyolojik ihtiyaçların karşılanmaması~~
- ~~Şiddet ve ölüm~~

- ~~Sağlığı kaybetmek~~
- Bilmemek, kontrol edememek ⇨ *Hayatının kontrol dışında olduğunu hissettiği için.*
- Gelecek güvencemizi kaybetmek ⇨ *İyi bir bölümden ve üniversiteden mezun olma şansını kaçıracağı için.*
- Keyif aldığımız ürünleri, aktiviteleri kaybetmek ⇨ *Ders çalışmak zorunda kalacağı ve keyif alacağı zamanı kaybedeceği için.*
- Yalnız ve sevgisiz kalmak ⇨ *Anne-babasının sevgisini kaybedebileceği için.*
- Saygı, takdir görmemek ⇨ *Kötü notlar alarak herkese rezil olacağı için.*
- Başarısız olmak ⇨ *Kendi kendini hayatta başarısız hissedeceği için.*
- Özgürlüğümüzü kaybetmek ⇨ *Belki, cezalı bir şekilde odasında ders çalışmak zorunda kalacağı için.*
- Görevini yerine getirememek ⇨ *Anne babasının ona verdiği tek görevi yetiremediği için.*
- ~~Kötü, günahkâr insan olmak~~

113

Yukarıda sadece tetiklenmesi olası korkuları bulmaya çalıştık. Ancak, bu tüm korkuların da tetikleneceği anlamına gelmez. Eğer yukarıdaki temel korkular tetiklenmeseydi, başarısız olmak bu öğrencinin umurunda dahi olmazdı. Zaten, okulu fazla umursamayan öğrencilerin inançlarına bakarsanız, onların başarısız olmaktan neden etkilenmediğini bulabilirsiniz.

NeuroFormat® sistemiyle yapacağımız kaygı temizliğinin en kritik kısmı, üzerinde çalışacağımız OLUMSUZ ifadenin oluşturulması. Ne kadar başarılı olduğumuzu, kullanacağımız OLUMSUZ ifadenin ne kadar KÖTÜ DUYGU yaratabileceği belirleyecek. Ne kadar kötü hissedebilirsek o kadar fazla şey temizleyeceğiz. Şimdi daha etkili OLUMSUZ ifadeleri nasıl oluşturacağımızı görelim.

Kaygılar için OLUMSUZ ifadenin oluşturulması

Her türlü kaygıyı temizlerken kullanacağımız, etkili bir OLUMSUZ ifade oluşturmak için 3 tane aşamamız var. Bu formülü ya da en azından böyle bir formül olduğunu mümkün olduğunca hatırlamaya çalışın.

☑ **NEDEN?**

Olacak kötü olayların "neden" gerçekleşeceğini söylemek.

☑ **NASIL?**

Korkulan şeyi kendi hayatına uyarlamak ve tam olarak kendi hayatınızda "nasıl" gerçekleşeceğini detaylı olarak anlatmak.

☑ **BAŞKA?**

En kötü şey gerçekleşirse, bunun sonucu olarak "başka" neler olacağını, hangi 12 temel korkunun etkileneceğini eklemek.

Mesela, tüm paramızı kaybetmekten korktuğumuzu ve bu kaygıyı temizlediğimizi düşünelim.

"Ya paramın tümünü kaybedersem"

Biraz önce paylaştığım 3 soruyu, sorunun temel nedenlerine inmek ve hissettiğimiz duyguyu daha da arttırmak için kullanalım.

☑ NEDEN KAYBEDERSİNİZ?

Nedenlerden bahsedin. Onları hissetmemizin nedenlerinden bahsetmek kötü duyguları arttırır. Neden böyle bir şey yaşayabilirsiniz?

Nedenler:
"Ya bir yanlış yaptığım için, çeklerimden biri ödenmediği ya da ortağım çekip gittiği için..."

☑ NASIL KAYBEDERSİNİZ?

Daha net olun, kaygı duyduğunuz şeyi detayıyla anlatın. Başkasının değil, sizin hayatınızda tam olarak ne tarz bir değişiklik olur?

"Ya bankadaki tüm paramı kaybedersem, bankadaki param bloke olursa, evime haciz memuru gelirse."

☑ BAŞKA NELER OLUR?

Düşündüğünüz kötü şey gerçekleşirse, hayatınızda başka neler olur? Başka hangi temel korkular tetiklenir? 12 Temel ihtiyaç aklınızda olarak, sizi etkileyecek diğer korkuları da ekleyin. "Korktuğum şey gerçekleşirse, ne olur? Hangi 12 temel korku etkilenir?" sorusunu sorun. Tüm paramızı kaybedersek ne olur?

12 Temel Korku

1- Fizyolojik ihtiyaçların karşılanmaması ⇨ *Aç kalmaktan korkuyor olabiliriz.*

2- Güvenlik kaybetmek ⇨ *Evsiz ve açıkta kalmaktan korkuyor olabiliriz.*

3- Sağlık kaybetmek ⇨ *Tüm sağlık harcamalarımızı, sigortamızı, hastaneye gitme, ilaç alma imkânımızı kaybediyor olabiliriz.*

4- Bilmemek, kontrol edememek ⇨ *Hayatımız tamamıyla kontrolden çıkar.*

5- Gelecek güvencemizi kaybetmek ⇨ *Parasız olacağımız için geleceğimiz de "güme gidebilir".*

6- Keyif aldığımız ürünleri, aktiviteleri kaybetmek ⇨ *Keyif alacağımız aktiviteleri yapamaz, sevdiğimiz ürünleri alamayız.*

7- Yalnız ve sevgisiz kalmak ⇨ *Parasız ve işsiz olduğumuz için herkesin sevgisini kaybetmekten korkuyor olabiliriz.*

8- Saygı, takdir görmemek ⇨ *İşten atıldığımız için eski işyerimizdekilere ve tüm çevremize rezil olabiliriz.*

9- Başarısız olmak ⇨ *Kendimizi hayatta başarısız hissederiz. Kariyerimiz mahvolur.*

10- Özgürlüğümüzü kaybetmek ⇨ *Bir yandan zamanımız boşa gidebilir ya da belki istemediğimiz bir işte çalışmak zorunda kalacağımızdan özgürlüğümüzü tümden kaybedebiliriz.*

11- Görevini yerine getirememek ⇨ *Ailemize bakamayabiliriz.*

12- ~~Kötü, günahkâr insan olmak~~

115

12 Temel Korkuyu taramak

12 Temel Korkuyu tarama amacımız tamamıyla, kaygılarımızın nedenini diplerden çekip çıkarmak. Listeyi tarayarak, kaygımızı yaratan önemli bir nedeni atlamadığımızı garanti altına alıyoruz.

Aklınıza gelen tüm olasılıkları düşünmenize gerek yok, ama o kaygının geçmesi, algının değişmesi için önemli parçaların "formatlanması gerekiyor". Hangi parçaların önemli olduğu tamamıyla size özel.

Mesela, kenarda ciddi miktarda paramız, yatırımımız var, aslında korkumuz "rezil olmak" ve "keyif aldığımız işi kaybetmekse" bu durumların yarattığı kötü duygunun temizlenmesi gerekiyor. Belki bizim için diğer temel korkular pek de önemli değil, o zaman aşağıdakine benzer bir cümle üzerinde çalışırız.

Önceki ifade:
"Ya bir yanlış yaparsam, çeklerimden biri ödenmezse ya da ortağım çekip giderse... Böylece bankadaki tüm paramı kaybedersem, bankadaki param bloke olursa, evime haciz memuru gelirse."
+
Başka ne olur (12 Temel Korku)
"Ve bu yüzden, herkese, aileme, arkadaşlarıma rezil olursam, bu sevdiğim güzel işi kaybederek bütün gün evde kalırsam canım sıkılırsa."

NeuroFormat® tekniğiyle kaygı temizlemek

1- NeuroFormat® duruşuna geçin.
2- Gözlerinizle biraz önce oluşturduğunuz OLUMSUZ ifadeleri tarayacaksanız. Ezberlemeye gerek yok. Zaten, ifadeleri söylemeye başlayınca, beyninizde bu endişeyi yaratan bölgeler aktif olmaya başlayacak. Sizin her seferinde aynı şeyi "papağan" gibi tekrar etmenize gerek yok. Taramaya başlamadan önce dilerseniz duyguyu güçlü bir şekilde yaşayana kadar içinizden tekrar edebilirsiniz. Kendinizi hazır hissettiğiniz zaman, gözlerinizle taramaya başlayın.
3- Duyguyu daha yoğun hissettiğiniz bir göz pozisyonu yakaladığınız zaman kısa bir değerlendirme yapın.

- Olumsuz duygu vücudunuzun neresinde?
- Yoğunluğu kaç? (1-10)
- Nasıl bir duygu? Sıcak mı soğuk mu?

117

4- Şimdi, olumsuz duygu temizlenene kadar özel noktanıza vurun (artık bu aşamada özel noktanızı bulmuş olduğunuzu varsayıyorum, eğer bulmadıysanız, NeuroFormat® Vuruşları bölümünü tekrar okuyun).
5- Duygu azalıyor mu? Eğer azalıyorsa, temizlenene kadar özel noktanıza vurmaya devam edin.
6- Eğer azalma yoksa NeuroFormat® Vuruşlarıyla sizinle paylaştığım şekilde kilidi açtıktan sonra, özel noktanıza vuruş yapın. Ve olumsuz duyguyu temizleyene kadar uygulamaya devam edin.
7- Duygu temizlendiği zaman işimiz bitmiyor. Aynı OLUMSUZ ifadeyi tekrar ederek yeni göz pozisyonlarını birer birer aynı şekilde temizleyin (Birebir aynı ifadelerin olmasına gerek yok, zira zaten beyniniz olaya odaklanmış olduğu için kısa süre içerisinde kötü duyguya gireceksiniz).

Artık bu kadar açıklama yeter! Uygulamaya geçelim!

12 Temel Korkunun
formatlanması

Formatlamaya 12 Temel Korkudan başlayalım. Eğer kaygılı biri olduğunuzu düşünüyorsanız, bu bölümü doğru uygulamak hayatınızı kurtaracaktır.

Öncelikle belirtmek isterim ki, amacımız olmamış şeyleri aklımıza getirip sinir bozmak değil! Amacımız, özellikle endişe ve anksiyete seviyeniz yüksekse, bunu düşürmek amacıyla olası kaygıları temizlemek.

Çoğu zaman kaygılı oluruz ve endişe duyduğumuz konunun farkına dahi varmadan bu kaygıyı hissetmeye devam ederiz. Hissettiğimiz kötü duygular bizim için o kadar normal gelmeye başlar ki, biz onları neden hissettiğimiz dahi sorgulamayız.

Kaygılarınızı diplerden, var olduklarının farkında bile olmadığınız yerlerden çıkarmak için onları bir listeden tarayacağız. İlk başta temel 12 ihtiyacımızı tarayacağız. Bu başlıklar altında olabilecek, kendi hayatımızdaki kaygıları birer birer çıkarıp temizleyeceğiz.

Daha önce söylediğimiz gibi, kötü duyguları formatlayabilmek, önce onların ve nedenlerinin farkına varmayı, daha sonra tetikleyebilmeyi ve en son olarak temizlemeyi gerektirir.

Listeyi tararken, her ihtiyaç üzerinde çalışmaya gerek yok. Eğer, bahsedilen konu hakkında çok rahat olduğunuzu düşünüyorsanız o bölümü geçin ve sizin için önem teşkil edebilecek diğer kaygılar üzerinde çalışın.

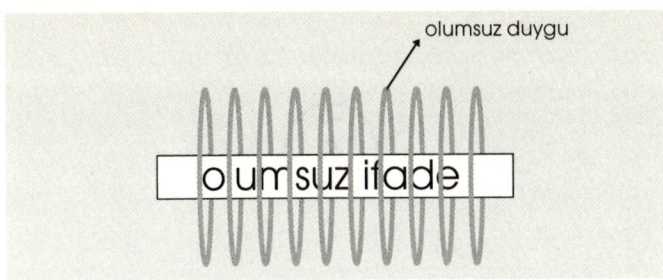

olumsuz duygu

olumsuz ifade

Temizlik öncesi olumsuz ifade size inandırıcı gelebilir
ve çok kötü hissettirebilir.

olumsuz ifade

Ama temizlik sonrası olumsuz ifade "çıplak" kalarak hem
inandırıcılığını hem de olumsuz yükünü kaybedecektir.

Gözlerle test

Biz bu bölümde, farkında olmasak da içimizde olabilecek kaygıları temizleyeceğiz. Peki, hangi kaygılar üzerinde çalışacağımızı biliyor muyuz? Ya da belli bir konuda kaygı hissedip hissetmediğimizi biliyor muyuz?

Bunu aslında gözleriniz söyleyecek. Eğer şüphedeyseniz, daha önce bahsettiğimiz şekilde OLUMSUZ ifadeyi oluşturarak gözlerinizle tarayın. Zaten, eğer kötü hissederseniz belli pozisyonlarda bunu yakalıyor olacaksınız. Eğer hiçbir pozisyonda kendinizi kötü hissetmiyorsanız, tetiklemeye çalıştığınız konuda endişeniz yok demektir.

Olumlu ifadelerin kullanımı

3 farklı temizleme seçeneği var demiştik:
• Sadece OLUMSUZ
• OLUMSUZ + OLUMLU
• NeuroFormat® vuruşları
Eğer vuruş yapmadan temizliyorsanız ilgili bölümlerde vereceğimiz OLUMLU ifadeleri kullanabilirsiniz.

Fizyolojik ihtiyaçlar

Aslında, 21. yüzyılda açlıktan, susuzluktan ya da kötü beslenmeden ölmek için ciddi çaba harcamak gerek ☺. Yine de hepimizin içinde bir şekilde, özellikle okuduğumuz "felaket haberlerinden" kaynaklı kaygılar oluşabilir.

OLUMSUZ ifadenin oluşturulması:
☑ NEDEN?
Neden fizyolojik ihtiyaçlarınızı kaybedersiniz?
"İşte yanlış yaptığım için işten atılırsam."
"Bir ekonomik kriz gelirse."

☑ NASIL?
Nasıl bir hayattan korkuyorsunuz? Fizyolojik ihtiyaçlarınızı karşılayamamak sizin hayatınızda nasıl yaşanır? Tam olarak ne olur?
"Ya ben ve tüm ailem yiyecek doğru dürüst bir şey bulamazsak."

☑ BAŞKA?
Hayatınızda başka ne olur? Hangi 12 temel ihtiyaç etkilenir?
"Aç kalacağım için sağlığım da kötü etkilenirse..."

Umarım fizyolojik ihtiyaçlarınızı karşılamayacağınızdan çok da fazla endişelenmiyorsunuzdur.

Yine de, oluşturacağınız örnek bir OLUMSUZ cümleyle tüm göz pozisyonlarını tarayın. Bakalım herhangi bir kötü his yaşayacak mısınız? Eğer yaşarsanız, biraz önce detaylı olarak anlattığımız şekilde tüm göz pozisyonlarını birer birer "formatlayın". Beyniniz böyle bir endişeden, eğer varsa, tamamıyla özgür kalsın.

OLUMLU ifadeler

1- Hayatta ne olursa olsun, ben ve ailemin tüm ihtiyaçlarının tamamıyla karşılanacağını tüm kalbimle biliyorum.

2- İşimi kaybetsem bile, tüm sevdiklerimin benim ve ailemin yanında olacağından eminim.

3- Hiç para kazanmasam da, bir şekilde ben ve ailemin her türlü ihtiyacını karşılayabilirim.

Güvenlik

Güvenliğinizden endişe duyuyor musunuz? Hadi o zaman güvenlik endişelerini temizleyelim.

Genel güvenlik endişelerini temizlemek

Genel güvenlik endişelerini temizlemek için, farklı OLUMSUZ ifadeler oluşturup, onları tüm göz noktalarında tarayarak "formatlayabilirsiniz".

Belli güvenlik endişeleri

Yine de şunu söylemek gerekir ki, özellikle güvenlik konusu genelde yer ve zaman odaklıdır. Kendinizi tehlikede hissettiğiniz belli zaman ve yerler var mı?

Eğer kendinizi güvende hissetmediğiniz bariz ortamlar aklınıza geliyorsa, gözlerinizi kapatın. Kendinizi gerçekten de "o ortamda" hissedin ve sizi rahatsız eden tüm faktörleri resme koyun.

Bu korkuları tam olarak temizleyebilmek için, korku nedenlerini tüm detaylarıyla "tetikleyebilmek" ve her nedeni tüm göz pozisyonlarında temizlemek gerekiyor.

Tetiklemek başlı başına bir sanat... Bunu yapmanın da iki yolu var:

1- Gerçek ortam yaratmak
2- Hayalde canlandırmak

En iyi yol, korkunun yaşandığı ortamların gerçekten yaratılması.

Her iki yolda da, korku yaratan nedenlerin farkına varılıp, onları düşünerek, tetikleyerek tüm göz noktalarını taramak ve her göz noktasını temizlemek gerekiyor.

Gece evde yalnız kalma korkusu

Mesela, gece yarısı evde tek başınıza kalmaktan korkuyorsanız (inanın böyle durumda olan yüz binlerce insan var), gözlerinizi kapatın ve gerçekten gece yarısı olduğunu ve gerçekten evde tek başınıza olduğunuzu hissedin. Karanlığı hissetmek, ışık geçmemesini sağlamak için kalın bir bezle gözlerinizi bağlamayı bile deneyebilirsiniz.

Sizi rahatsız eden her neyse -bunlar aslında inanmadığınız "doğaüstü" varlıklar dahi olabilir- onların varlığını tüm canlılığıyla yaşayın hem de sizi gerçekten korkutan şekilde...

Şimdi gözlerinizle tarayın. Bu arada, yatağınızda yatarken korkunuz ortaya çıkıyorsa, gerçeği en yakın şekilde "canlandırabilmek" için bu uygulamayı yatarak yapın. NeuroFormat® duruşuna geçmeniz zorunlu değil.

Şimdi gözlerinizle tarayın, tüm korktuğunuz düşüncelerle, resimlerle, seslerle; sizi en çok ne korkutuyorsa o şekilde korkunuzu tetikleyin ve sizi korkutan tüm "nedenleri" birer birer düşünün.

Her farklı korku nedeni için gözlerinizle tarama yapmanız gerekebilir.

Böyle özel bir korku temizlerken, OLUMSUZ ifade oluşturma kuralını uygulamanız şart değil. Ancak, bu korkunun tam olarak geçmesi için, korkuyu oluşturan tüm nedenleri, hayalinizdeki görüntüleri, sesleri, düşünceleri temizlemeniz gerekecektir.

OLUMLU ifadeler

1- Bugün ve her zaman, ben ve sevdiklerim tamamıyla güvende.
2- Nerede olursam olayım her yerde büyük bir güç kalkanı ile korunuyorum.
3- Her zaman her durumda Tanrı tarafından özel bir şekilde korunuyorum.
4- Kendimi güvende hissetmeyi tamamıyla hak ediyorum.
5- Kiminle olursam olayım, kendimi onların yanında güvende hissediyorum.
6- Her zaman, nerede olursam olayım, güvende olacağım bir yer var.

7- Her zaman, beni güvende hissettiren insanlarla beraberim.
8- Hayatımda her gün hissettiğim güvenlik kalkanım daha da güçleniyor.
9- İnsanlara tamamıyla açık olmama rağmen, görünmez bir güvenlik kalkanım beni koruyor.

Sağlık

Aslında ilerleyen sayfalarda sağlığımız için beynimizi format-layacağımız uzun bir çalışma yapacağız. Bu bölümde sadece sağlığımızla ilgili endişelerimizi temizleyelim.

Daha önce yaptığımız gibi OLUMSUZ ifade üretme yöntemimizi kullanalım. Aklınızda, size genetik olduğu söylenen ve başınıza gelmesinden korktuğunuz bir hastalık var mı?

Neden? Nasıl? Başka?

Soracağımız sorular bunlar...

Özellikle, sizin ya da bir yakınınızın başına gelen herhangi bir sağlık problemi oldu mu? Eğer böyle bir durum varsa, "hikâye tekniğiyle" bu olayı tamamen formatlayın...

Şimdi, yeni bir örnek olarak günümüzün en büyük sağlık korkusunu temizleyelim. Evet, insanoğlunun başının belası "kanser" korkusu!

Kanser korkusunu temizlemek　　　ÖRNEK

OLUMSUZ ifadenin oluşturulması:

☑ NEDEN?

Neden kanser olabilirsiniz?

"Dayım kanserden öldüğü için, bu kadar radyoaktif dalgadan, GDO'lu kanserojen yiyecekten ve özellikle sigara içtiğimden dolayı."

☑ NASIL?

Hangi kanser türüne yakalanmaktan ve bu hastalığı tam ola-

rak nasıl yaşamaktan korkuyorsunuz?
"Ya akciğer kanseri olursam?"

☑ BAŞKA?
Hayatınızda başka ne olur? Hangi "12 temel ihtiyaç" etkilenir?
"Ya sağlığım çok kötüye giderse, bunu finansal olarak karşılayamazsam ve bütün paramı bu yüzden harcamak zorunda kalırsam, hayatım tehlikeye girerse, kanser olduğum için çevremde hiç kimse kalmazsa, tamamıyla yalnız kalırsam..."

Evet, kanser korkusu özellikle çok ciddi şekilde 12 temel korkuyu tetiklediği için temizlenmesi biraz uzun sürebilir.

Üzerinde çalışacağımız OLUMSUZ ifade aşağıdaki gibi bir cümle olabilir.

"Ya dayım kanserden öldüğü, bu kadar radyoaktif dalgadan, GDO'lu kanserojen yiyecekten ve özellikle sigara içtiğimden dolayı akciğer kanseri olursam. Böylece ya sağlığım çok kötüye giderse, bunu finansal olarak karşılayamazsam ve bütün paramı bu yüzden harcamak zorunda kalırsam, hayatım tehlikeye girerse, kanser olduğum için çevremde hiç kimse kalmazsa, tamamıyla yalnız kalırsam..."

Evet, itiraf ediyorum. Oldukça sevimsiz bir konu, ama çok da uzak olmayan bir zamanda "kansere yakalanmak" umurunuzda dahi olmayacak!

Evet, belli dozda endişelenmek, insanın hayatını koruması adına yararlı olabilir. Ancak, sizi çok rahatsız eden endişeleri benzer şekilde temizlemek, önlemlerimizi "duygusal" değil "mantıkla" alabilmek çok daha güzel olacaktır.

Kansere yakalanma korkusu sadece bir örnek, bunun gibi birçok konuda benzer şekilde korkularınızı "formatlayabilirsiniz".

OLUMLU ifadeler
1- Hayatımı canlı ve sağlıklı şekilde yaşamayı seçiyorum.

2- Bedenim, Tanrı'nın mükemmel bir yansıması.

3- Beynim, vücudum ve ruhum her zaman mükemmel bir uyum içerisinde.

4- Sağlık benim için yaşamın en doğal hali.

5- Bedenimdeki tüm stres, her zaman ve doğal olarak tamamıyla vücudumu terk ediyor.

6- İyileşme sürecinde, sakin ve tamamıyla huzurluyum.

7- Bilinçaltımda sadece sağlığımı mükemmelleştiren inançlar var.

8- Tüm eski hastalıkları tamamıyla terk ettim, vücudum şu an sadece masmavi, sımsıcak, tertemiz bir huzurla dolu.

9- Uykum, inanılmaz rahatlatıcı ve dinlendirici.

10-Bütün amaçlarıma ulaşmak için gerekenden çok daha fazla enerjim var.

Bilmek, kontrol etmek

Hayatınızda bilmediğiniz ya da kontrol edemediğiniz ve de sizi gerçekten rahatsız eden şeyler neler?

Hayatınızı gözden geçirin, eşiniz, çocuklarınız, kız/erkek arkadaşınız, işiniz, kazandığınız para, sınavda aldığınız notlar...

Hayatınızda kontrol edemediklerinizle barışmak, onların yarattığı stresi "formatlamak" sizi gerçekten rahatlatacaktır.

Ne yapacağınızı artık gayet iyi biliyorsunuz... OLUMSUZ ifade oluşturarak, göz pozisyonlarını tarayarak birer birer olumsuzlukları temizleyeceksiniz.

OLUMLU ifadeler

1- Hayatımı tam anlamıyla kontrol edemesem de her şey benim için, tam istediğim gibi sonuçlanıyor.

2- Öyle hissetmesem de, hayatımı farkında olmadan tam istediğim gibi kontrol ediyor, sonuçları değiştirebiliyorum.

3- Hayatımda hiçbir şeyin neden olduğunu bilmesem de, her şey benim için en iyi şekilde sonuçlanıyor.

4- Kendi kaderimi, Tanrı'nın yardımıyla kendim yaratıyorum.

5- Hayatımda olan her olay, benim iyiliğim için oluyor.

Gelecek güvencesi

Hepimizin gelecekle ilgili kaygılarımızın olduğu muhakkak. Şunu söylemek gerekir ki, eğer istemediğiniz bir hayat yaşıyorsanız, bunda geleceğinizi güvenceye alma isteğinizin payı büyük.

Merak etmeyin, bir şekilde idare edersiniz, en kötü koşullarda bile su akar yolunu bulur derler! Ama eğer gelecekle ilgili korkularınızdan kurtulursanız uzun vadede gerçekten istediğiniz, seçtiğiniz hayatı yaşarsınız.

Gelecek güvencesiyle ilgili en büyük korkularınız nedir? Bulun, tetikleyin ve temizleyin...

OLUMLU ifadeler

1- Hayatımda ne yaşanırsa yaşansın, geleceğim zaten emin ellerde.

2- Çok parlak, apaydınlık, tertemiz, masmavi bir geleceğim var.

3- Geleceğim mükemmel olduğu için, hayatımı tam şu an için yaşıyorum.

4- Gelecekte bütün ihtiyaçlarım karşılanacak.

5- Ailemin ve benim geleceğim çok parlak, ben günü yaşarken, geleceğimiz için çalışmaya devam ediyorum.

6- 100 yaşına kadar, çok sağlıklı, mutlu, başarılı, mükemmel bir hayatım olacak.

7- Şu anki mutluluğum yarından daha önemli. Yarını, yarın olduğu zaman düşünüyorum.

Hayat keyfi

Hayat keyfi derken, size keyif veren ama yaşamınız için elzem olmayan şeylerden bahsediyorum.

Hayatınızda neyi kaybetmekten ya da hangi aktiviteyi yapamamaktan korkuyorsunuz? Ya da gerçekten böyle bir korkunuz var mı? Böyle bir endişenin diğerleri kadar güçlü olacağını sanmıyorum. Ancak, yine de eğer varsa ne yapacağınızı biliyorsunuz.

OLUMLU ifadeler

1- Elimden her şeyimi alsalar dahi, keyif alarak yaptığım yüzlerce aktivite var.
2- Tüm paramı kaybetsem, iflas etsem de hayattan keyif alacağım birçok aktivite var.
3- Yapmam gerekenleri yaptıktan sonra, tüm zamanımı keyif aldığım şeylere ayırmam çok güzel.
4- Keyif aldığım saatlerin değerini biliyorum ve yaşamanın hakkını tamamıyla veriyorum.
5- Tüm yapmam gerekenleri yaptım. Şu an benim için rahatlama, dinlenme, gezme... zamanı.
6- Hayattan keyif almayı hak ediyorum.
7- Para harcayarak keyif aldığım ürünleri, hizmetleri satın alırken kendimi çok iyi hissediyorum.
8- Bana keyif veren nimetlere sahip olmayı hak ediyorum.
9- Hayatımın her anından keyif almayı hak ediyorum.

Sevgi ve ait olma

İlişkilerle ilgili detaylı bir bölüm sizi bekliyor. Bu bölüm sevdiklerimizi kaybetme korkusuyla ilgili...

Kaybetmekten korktuğunuz insanlar var mı? Yakınlarınız, ilişkide olduğunuz kişi, arkadaşlarınız... Hayatta yalnız kalmaktan korkuyor musunuz?

Cevabınız muhtemelen, evet!.. Belki de üzerinde en çok uğraşmamız gereken kaygılardan biri sevdiklerimizi kaybetme korkusu. Bu nedenle size ışık tutması açısından bir örnek üzerinde çalışalım.

Bir kez daha tekrar etmek isterim ki, amacımız olmamış şeyleri aklımıza getirip sinir bozmak değil. Böyle bir kaygınız yoksa bu bölümü geçin ve sizin için önem teşkil edebilecek diğer kaygılar üzerinde çalışın.

131

Babamızı kaybetme korkusu

ÖRNEK

OLUMSUZ ifadenin oluşturulması:

☑ NEDEN?

Babanızı neden kalp krizi geçirebileceğini düşünüyorsunuz?
"Daha önce geçirdiği, ikinci kalp krizleri daha tehlikeli olduğu ve zaten yaşlandığı için."

☑ NASIL?

Babanızı nasıl kaybetmekten korkuyorsunuz? Bu hayatınızda tam olarak nasıl gerçekleşir?
"Ya babam kalp krizi geçirir ve ölürse?"

☑ BAŞKA?

Hayatınızda başka ne olur? Hangi 12 temel ihtiyaç etkilenir? "Ya annem çok üzülürse ve aile olarak bunu hiçbir şekilde atlatamazsak, ya annem yalnız hissederse."

Sadece sevdiğiniz insanları kaybetme korkusu değil, belki sizde gerçekten sevilmediğinizi düşünüyor olabilirsiniz. İnsanların sizi sevmediğini düşünüyorsanız, OLUMSUZ ifadesini oluşturarak bu düşünceyi temizleyin ya da bunu belli insanlar için yapın.

Sevgi bölümü, hepimizin üzerinde sıkı çalışması gereken bir bölüm.

Konunun daha "duygusal" tarafını ilerleyen sayfalarda, ilişkileri daha detaylı ele alacağız.

OLUMLU ifadeler

1- Tüm ailem ne yaparsam arkamda, başarısız olsam da beni seviyorlar.

2- Ben birbirini çok seven bir ailenin parçasıyım.

3- Ailem ve tüm sevdiklerim hayalimin peşinden koşmamda tam anlamıyla yanımdalar.

4- Tüm ailem ile birbirimizin hayatına ilgi ve özen gösteriyoruz.

5- Bir insan olarak çok seviliyorum ve bu sevgiyi kabul ediyorum.

6- Herkesle iyi geçiniyorum.

7- Bulunduğum her yerde neşe ve kahkaha var.

8- Çevremdeki insanlar beni seviyor, ben de insanları seviyorum.

9- Çevremdeki insanlara sevgi veriyorum ve alıyorum.

10- İnsanlara sevgi verdikçe, karşılığında daha büyük sevgi alıyorum.

Saygı, takdir görmek

İnsanların size saygı gösterdiklerini düşünmüyor musunuz? Uğraştığınız belli bir konuda herkese rezil olma gibi bir kaygınız var mı?

Herhangi bir fiziksel özelliğiniz, karakteriniz, yaptığınız iş veya gittiğiniz okuldan dolayı insanların size saygı duymadığını düşünüyor musunuz?

İşte formatlama zamanı...

OLUMLU ifadeler

1- Çok değerliyim, ilgi ve dikkati tamamıyla hak ediyorum.

2- Ben sempatik, sıcak biriyim ve çoğu insan tarafından seviliyor ve takdir ediliyorum.

3- Yaptığım her işte çok yetenekliyim. Herkes, yarattığım tüm sonuçlara özeniyor.

4- İnsanların beni beğenmesi için en iyi olmama gerek yok. Herkes, beni bu halimle zaten çok beğeniyor.

5- Ben kendimi şu ana kadar çoktan kanıtladım. Hayatımı, sadece kendim için yaşıyorum.

6- Benim için önemli tüm noktalarda çok başarılıyım. Eğer iyi olmadığım alanlar var ise, bunlar zaten benim için önemli değildir.

7- Başkalarının takdir etmesi için yaptığım işlerin mükemmel olmasına gerek yok. Ben zaten hayatımda kendimi tamamıyla kanıtladım.

8- Benden daha başarılı görünen insanlar olsa da, benim için önemli tüm alanlarda tam anlamıyla mükemmelim ve herkesten çok daha iyiyim.

9- Önemli bulduğum konularda, her gün daha da iyi oluyorum. İyi oldukça, herkesin daha da fazla takdirini kazanıyorum.

10- Anne ve babam benimle inanılmaz gurur duyuyorlar. Tüm yönlerimle onlara tamamıyla layığım.

11- Çocuklarım ve eşim benimle inanılmaz gurur duyuyor.

12- Yarattığım sonuçları herkes ayakta alkışlıyor.

Kişisel başarı

Bu bölüm başkasından ziyade kendimiz için başarılı olmakla ilgili. Başkalarından saygı ve takdir görmekten ziyade, siz kendinizi tüm özelliklerinizle seviyor musunuz?

Fiziksel özellikleriniz, karakteriniz, başarılarınız, aldığınız notlar, kazandığınız kazanamadığınız sınavlar, kariyeriniz...

Mevcut durumdan memnun musunuz? Ya da kaybetme, devam ettirememe korkularınız var mı? "Ya hayatta başarısız olursam" diyor musunuz?

Yine temizleme zamanı...

OLUMLU ifadeler

1- Bulunduğum yolda harikayım.

2- Bedenime sevgi ve saygıyla davranıyorum.

3- İnanılmaz bir güce sahibim.

4- Bedenimle bir bütünüm.

5- Vücut yapım Tanrı'nın bir lütfu.

6- Kendime saygıyla davranıyorum.

7- Bedenimi pozitif mesajlarla yıkıyorum.

8- Kendimi kabul ediyor ve kucaklıyorum.

9- Bedenim kendi gücünü taşıyor.

10- Pek çok yetenekle kutsandım.

11- Kendime baktığımda harika, mükemmel bir insan görüyorum.

12- Tüm eksiklerime rağmen mükemmelim.

13- Tüm başarısızlıklarıma rağmen, inanılmaz başarılı bir insanım.

Özgürlük

Özgürlüğünüzü kaybetmekten korkuyor musunuz? Peki ya seçme özgürlüğünüzün elinizden alınmasından? Ya da yaptığınız bir hatadan dolayı, kanunlarla başınızın derde girmesinden? OLUMSUZ ifadeyi oluşturun ve temizleyin...

OLUMLU İFADELER

1- Ben her şeyden ve herkesten tamamıyla özgürüm.
2- Kararlarımı ben, sadece ben istediğim için, herkesten tamamıyla bağımsız olarak veriyorum.
3- Tüm gün boyunca ne yaparsam yapayım, mavi gökte kanatlarını sallayan kuşlar kadar hürüm.
4- Hayatımda beni bağlayan bütün konuları tamamıyla kopardım. Şimdi, kuşlar gibi her istediğim noktaya uçabilirim.

Görevini yerine getirmek

Hepimizin hayatında yerine getirmesi gereken görevleri var. Annelik, babalık, öğrencilik; çalışan, vatandaş, iyi insan, eş olmak...

Aslında hayatımızı en fazla strese sokan konuların başında görevimizi yerine getirememe endişesi geliyor. O kadar çok sorumlulukla güdüleniyoruz ki, içimizde hep tamamlanmamışlık hissediyoruz.

Diğer 12 temel ihtiyaçtan farklı olarak bu "görevimizi yerine getirememe" endişemiz daha farklı bir OLUMSUZ ifadeyle tetikleniyor.

Aslında sizinle şu an paylaştığım cümle yapısını birazdan başlı başına inceleyeceğiz. Zira hayatımızda kendi kendimize nasıl konuştuğumuzu çok iyi özetliyor.

- Hangi görev? Ne yapmalıyım? (Kuracağımız cümlelerin meli-malı eklerini içermesi gerekiyor.)
- Yapmazsam ne olur? Hangi 12 temel ihtiyaç, nasıl tetiklenir?

"Yarın sınavdan çok iyi bir not almalıyım + yoksa + annemi babamı kızdırırım, herkese rezil olurum."

"İşe geç kalmamalıyım + yoksa + patron kızar, işimden olabilirim, insanlar sorumsuz olduğumu düşünebilir."

Aslında hayatımız bu "meli-malı"larla geçiyor. Stres seviyemizi azaltmak için, bize yüklenen görevlerde biraz daha serbest kalmalıyız.

OLUMLU ifadeler

1- Ben ne yaparsam yapayım, aileme, sevdiklerime, arkadaşlarıma, topluma, vatanıma, milletime, insanlığa olan görevlerimi eksiksiz olarak yerine getiriyorum.

2- Ben inanılmaz iyi bir anneyim/babayım. Bu görevlerimi mükemmel olarak yerine getiriyorum.

3- Anne, baba ve kardeşlerime olan görevlerimi eksiksiz yerine getiriyorum.

4- Şu an yapmam gereken her şeyi tamamladım. Tüm görevlerimi eksiksiz yerine getirdim.

5- Hayatımda her şey eksiksiz, su gibi berrak ve tam.

6- Yapmam gerekenleri, yüzde 100 oranında, dolu bir bardak gibi tamamladım.

Ruhani ihtiyaçlar

Ve nihai hedef... İyi ve kâmil insan olmak. Ama ne yazık ki "hatasız kul olmaz"! Peki, bununla barışık mıyız?

Barışma sürecimiz aslında uzun bir yol. Bu sürece girmek için ilk olarak kendimizi suçlu hissettiğimiz büyük olayları temizlemekle başlamalıyız. Evet, ne yapmanız gerektiğini biliyorsunuz. Hikâye Tekniğini kullanacaksınız. Uygulama sırasında özellikle neden suçlu olduğunuzu, ne şekilde kötülük ettiğinizi, insanlara sizin yüzünüzden ne olmuş olabileceğini tüm yönleriyle düşünmek ve olumsuz duyguları temizlemek gerekiyor.

Temizlenmesi gereken duyguları tek tek ele alırken, suçluluk için de ayrı bir bölümümüz olacak.

Diğer bir yaklaşım şekliyse, "Görev" bölümünde yaptığımız gibi "meli-malı" yapısını kullanmak.

> "Bana yardım istemeye gelenlere hayır dememeliyim + yoksa + kötü bir insan olurum, günah işlerim."

Burada yapmamız gereken, hayatımızda aslında hangi gereksiz davranışları, istemeden "kötü insan olurum, günah işlerim" korkusuyla yapmaya devam ettiğimizi bulmak. Tabii ki amacımız kendimizi "ar damarı çatlamış" bir günahkâr haline getirmek değil. Ancak, başkalarının beyin yıkamaları yüzünden ya da suçlu olduğumuz olaylardan gereksiz ve fazla genel dersler çıkarıp kendimizi fazla yıpratıyor olmamız ihtimali yüksek.

Bulun ve temizleyin!..

139

OLUMLU ifadeler

1- Hayatımda işlediğim tüm günahlara rağmen, Tanrı'nın çok sevdiği, tertemiz, apaydınlık, inanılmaz iyi bir insanım.
2- Dinsel görevlerimi yerine getiremesem de, Tanrı'nın çok sevdiği, tertemiz, apaydınlık, inanılmaz iyi bir insanım.
3- Ben, her an Tanrı ile beraberim, Tanrı da benimle.
4- Geçmişte yaptığım yanlışlara rağmen, artık bütün davranışlarımı Tanrı'nın ışığında gerçekleştiriyorum.
5- Ben, insan vücudunu tecrübe eden sonsuz bir ruhum.
6- Geçmişteki hatalarıma rağmen, ruhum berrak su gibi tertemiz.

"Meli-malı" temizliği

Görev ve Ruhani İhtiyaçlar bölümünde kısaca "meli-malı"lardan bahsettik. Bu bölümde sizden istediğim sadece iki ihtiyaçla ilgili değil, tüm hayatınızdaki "meli-malı"ları çıkartmanız ve onlarla ilgili duygu yoğunluklarını temizlemeniz.

Özellikle stres haline getirdiğiniz tüm konulardan başlamanızı ve 12 Temel İhtiyacınız üzerinden tekrar gitmenizi öneririm. Yapmak zorunda hissettiğiniz konular neyse, bu sefer "meli-malı" yapısıyla kendinizi tetiklemeye çalışın.

Tekrar özetleyelim:
- Hangi görev? Ne yapmalıyım? (Kuracağımız cümlelerin meli-malı eklerini içermesi gerekiyor)
- Yapmazsam ne olur? Hangi 12 temel ihtiyaç, nasıl tetiklenir?

"Yarınki sınavdan en az 60 almalıyım + yoksa + annemlere karşı görevimi yapmamış olurum, sınıftakilere rezil olurum."

"Sağlığıma çok dikkat etmeliyim + yoksa + kalp krizi geçirebilirim."

Aslında amacımız yine dersleri ya da sağlığı umurunda olmayan insanlar yaratmak değil. Sadece gereksiz endişeleri törpüleyerek kararlarımızı daha az korku ve daha çok mantıkla alabilecek kadar sakinleşebilmek. Böylece, stres seviyemiz düştüğünde hem sağlık hem ders performansımız artacaktır. Hayatınızdaki tüm "meli-malı"ları temizlemenize gerek yok. Yapmanız gereken size en çok rahatsızlık verenlerden kurtulmak.

İyi şanslar!

Şüphe duyduğunuz birini, henüz suçsuzken cezalandırdığınız için, ona bu suçu işleme hakkını verirsiniz. Suçu işlediğinde ise artık cezalandırma hakkınız kalmayacaktır.
Zaten bir defa cezalandırılmış biri aynı suç için tekrar yargılanamaz.

Öfke
temizliği

NeuroFormat® tekniğini kullanıp, hayatınızdaki tüm kötülükleri "formatlamayı" alışkanlık haline getirdiğinizde yapmak isteyeceklerinizden biri de geçmiş öfkeleri temizlemek olacaktır.

Şu an bu kitabı okurken bazılarınız "öfke benim için çok da önemli değil" diye düşünüyor olabilir. Evet, aramızdan bazıları gerçekten sakin, hayatında pek de öfkelenmemiş insanlar olabilir, ama genelde çoğumuzun ciddi bir öfke temizliği yapması gerekiyor.

Eğer hayatımıza mutlu devam etmek istiyorsak, geçmişimize ait gereksiz öfkelerimizi temizlememiz gerekiyor. Eğer onlardan kurtulursak hayatımızın her alanındaki çoğu fırsatın açıldığını bizzat görürüz. Tüm ilişkilerimizi düzeltebilir, sevmediğimiz ama dayanmak zorunda olduğumuz işimizde daha mutlu olabilir, yeni iş fırsatları yaratır, yeni insanlarla tanışır kısacası hayatımızda sonu gelmeyen müthiş bir pozitif "çağ" yaratırız.

Ama neden?

Aslında hepimiz hayata öfkesiz geliyoruz. Yaşadıklarımız sonucunda, hayattan bazı dersler çıkararak öfke biriktirmeye başlıyoruz. İlk başta daha "kısıtlı" dersler çıkarsak da, sonrasında derslerimiz oldukça genelleşiyor.

Mesela hayatımızda ilk kez birisinden kazık yediğimiz zaman, belki şaşırıp onun böyle bir şey yaptığına inanamıyoruz. O kişiye kızıp, bir daha onunla konuşmayacağımızı, onu affetmeyeceğimizi kendimize söyleyip bu deneyimimizden kendimize bir ders çı-

karıyoruz. Daha sonraki olaylarda ise aldığımız dersler genelleş-
meye başlıyor. Belki daha sonra tüm insanlara karşı güvensizlik
duymaya, onların bizi her an "satabileceklerini" düşünerek haya-
ta bu pencereden bakmaya başlıyoruz.

Peki, hayatını bu güvensiz duruşla geçiren birine ne oluyor?

Evet, doğru tahmin ettiniz... Tüm dostlarından kazık yemeye
devam ederek, hayatında bu korkuyu ve öfkeyi sürekli derinleşti-
riyor...

Kişisel gelişim kitapları bu durumu "evrende benzer benzeri
çeker", "ne düşünüyorsanız onu yaşarsınız" şeklinde formüle edi-
yor. Malum kuantum düşüncesi, "evrene nasıl bir enerji gönderir-
seniz o şekilde bir hayat yaşarsınız" diye yıllardır söylüyor duru-
yor... Bu son yıllarda artık hepimizin aşina olduğu bir bakış açısı
ve aslına bakarsanız doğru.

144 Ve tekrar soralım... Ama neden?

Bunu evrene havale etmemize gerek yok... İnsanlara güvenme-
yip, daha önce yaşadıklarımızın öfkesini yeni tanıştığımız insan-
lardan çıkarmaya çalıştığımızda bu, konuşmamıza, tepkilerimize,
hatta duruşumuza bile yansıyor.

Karşıya sıcak davranmayan, aşırı gururlu, her an karşıdakini
hayatından silmeye hazır, ilk yanlışı çok büyüten, "buluttan nem
kapan" bir insana dönüşüyoruz.

Ve sonunda ne oluyor? İnsanlar bizi ilk fırsatta hayatlarından
atıp gidiyorlar! Sonuçta bizi kaybetmeleri onlar için büyük bir ka-
yıp olmuyor. Çünkü herkes kendini bir şekilde mutlu edecek in-
sanlarla beraber olmak ister.

Aslında henüz yapmadıkları şeylerden dolayı insanları suçla-
mak ya da onlardan şüphelenmek, onların bu davranışları yapma
ihtimalini arttıracaktır. Bunun en büyük nedeni, zaten kötü hiçbir
şey yapmadan karşının güvenini kaybetmiş birinin, kötü bir şey
yapma korkusu olmamasıdır. Zaten, karşısındakinin güvenine sa-
hip değildir, kötü bir şey yaptığı zaman olmayan güveni kaybet-
mekten de korkmayacaktır.

Özetle, bizi baştan kaybeden birine, bizi kaybetme korkusunu hissetme fırsatı vermemiş oluyoruz. Onlar da bizi daha kolay harcıyorlar...

Aslında genellediğimiz öfkeler bizi hayatımızda istediğimiz güzelliklerden uzak tutuyor. Beynimiz yıllardır biriktirdiği öfkelerden dolayı, aynı kötü şeyleri tekrar yaşamamamız için tüm gerekenleri yapıyor ve güzel yenilikleri baltalıyor. Bir bakıma öfkeli olduğumuz her şeyden uzak duruyoruz. Mesela, karşı cinse öfkeliysek, onlardan uzak duruyoruz. İş hayatında öfkeliysek, yeni fırsatları değerlendirmiyoruz. Bunu ne yazık ki farkında olmadan yapıyoruz. Bilinçaltımız sadece bizi korumaya çalışıyor ama bunu yaparken güzel bir geleceğe ket vuruyor.

Öfkenin en bariz etkisi üzerimizde yarattığı otomatik stres. Öfkelendiklerimize benzer durumlar oluştuğu an bir anda kan beynimize sıçrıyor. Modumuz, mutluluğumuz bozuluyor. O kanın beyinden geriye dönmesi de ne yazık ki çıktığı kadar kısa sürede olmuyor. Sonuçta özellikle bazılarımızın birikmiş öfkesi hayat mutluluğuna engel oluyor.

145

Aslında öfke duyarak hayatımızdaki seçenekleri kısıtlıyoruz, fırsatları kaçırıyoruz... Öfke en az korkular kadar, kısıtlamakla kalmayıp, hayatımızı mahvediyor.

Bu bölümde öfkemizi temizleyeceğiz.

Nasıl mı?

Birçok yönüyle...

Başkalarına karşı olan öfkenin temizlenmesi

• Eşiniz, aile fertleriniz, akrabalarınız ve hayatınızdaki özellikle kızgın olduğunuz ama sıkça görüşmeye devam ettiğiniz/etmek zorunda olduklarınız...

• Görüşmek istediğiniz ama görüşmeyi kızgın olduğunuz için kestikleriniz...

Bu kişilere neden öfkelisiniz? Nedenleri iki gruba ayıralım. Birincisi geçmişteki belli olaylar, diğeriyse hâlâ tekrar edilen davranışlar olabilir.

Geçmişte yaşadığınız belli olaylar

Geçmişte yaşadığınız olayları Hikâye Tekniğini kullanarak, öfke duyduğunuz önemli anlardaki duyguları tüm göz pozisyonlarında temizleyin.

Süregelen davranışlar

Hâlâ kızdığınız davranışları, özellikle sizi neden kızdırdığını düşünerek tüm olası parçalarıyla temizleyin.

Söz konusu kişinin yaptığı davranış sizi neden kızdırıyor?

Mesela sizi terfi ettirmediği için patronunuza olan öfkenizi temizlerken, sizi terfi ettirmemesi sizi neden kızdırıyor tüm sebepleri düşünerek aşağıdakine benzer şekilde bir OLUMSUZ ifade oluşturabilirsiniz.

"Beni yıllardır hak ettiğim yere, pozisyona getirmeyerek, yaptığım iyi işleri takdir etmediğin, adaletsiz şekilde başkalarını daha fazla ön plana çıkardığın ve maddi durumumun iyileşmesine hiçbir şekilde izin vermediğin için sana inanılmaz öfke doluyum!"

Onunla karşılıklı konuşurmuş gibi.

Bu arada öfke temizliğinde hatırlamanızı istediğim önemli bir detay var: Tüm OLUMSUZ ifadelerinizi sanki söz konusu kişiye söylüyor gibi kurmanız gerekiyor. Gerçekten öfkenizi temizlerken, sanki öfke duyduğunuz kişi karşınızdaymış ve gerçekten onunla konuşuyormuşsunuz gibi hissedin. Onun yüzünü, mimiklerini, görsel olarak sizi kızdıran yanlarını da hatırlamaya ve öfkenizi daha da arttırmaya çalışın.

Onunla sanki gerçekten konuşuyor gibi davranmanız, öfkenizi arttıracak sizi duygusallaştırarak çözülmenizi sağlayacaktır.

Kilidi açmak

Göz noktalarında öfkeyi yakaladıysanız ve özel noktanıza vurarak öfkenizi temizleyebiliyorsanız bu duyguyu temizlemenizde bir engel yok demektir.

Ancak, özellikle öfke konusunda çoğu zaman bilinçaltınız öfkenizi temizlemenize engel olabilir. Onun öfkeyi tutmak için birçok nedeni olabilir. Bunlardan bazıları şunlar:

- Belki içten içe onlara ders vermek ya da intikam almak istiyorsunuz.
- En azından özür dilemelerini bekliyor olabilirsiniz.
- Bu öfkenizden kurtulmanız onları affetmenizi sağlayacak ve bilinçaltınız onları affetmek istemiyor olabilir.
- Bilinçaltınız, öfkenizin sizi onlara ve onların daha sonraki yapacaklarına karşı koruduğunu düşünüyor olabilir.

"Öfke kilidinizi" açmak için aşağıdakine benzer bir KİLİT İFADESİ kurabilirsiniz.

Örnek kilit ifadesi	
Duyguyu hissetme nedenlerimiz	Yaptığından dolayı seni affetmek istemesem de, bir şekilde benden özür dilemeni ya da sana ders vermeyi istesem de ve sen yaptığından dolayı bu öfkeden kurtulmayı, affedilmeyi hak etmesende bu öfkeden kurtulmak benim için güvenli olmasa da..."
Duygunun tarifi, hissettiğimiz yer(ler)	Kalbimdeki bu sıcak öfkenin tümünü ve geri kalanını...
Buna rağmen duyguyu serbest bırakmak	Aslında hatasız insan olmadığı, bu öfke bana sadece zarar verdiği ve artık bu öfkeye ihtiyacım olmadığı için; bundan kurtulduğum zaman daha fazla güvende olacağım, sen bundan kurtulmayı hak etmesen de seni anlayarak senden daha büyük olduğum için tamamıyla serbest bırakıyorum.

Burada, tüm bu ihtimalleri göz önüne alarak, bunlara rağmen yine de bu öfkeyi serbest bıraktığımızı, bu kişileri hatalarına rağmen affettiğimizi haykırarak bilinçaltının engelini kaldırıyoruz. Daha önce tavsiye ettiğim gibi "serbest" kelimesine vurgu yapmayı ve gerekirse yüksek sesle "haykırmayı" ihmal etmeyin.

Öfke temizliği hayat kurtarır!

Hayatınızdaki insanlara olan birikmiş öfke temizlendiği zaman sosyal hayatınız bir anda açılacak, ilişkilerinizde çok daha rahat ve doğal hale geleceksiniz. Daha az kavga edip çok daha sevecen biri olacaksınız...

Şimdi gelelim en kritik soruya! Siz üzerinize düşeni yaptınız, öfkenizden ve negatif algınızdan kurtuldunuz. Peki, karşı taraf değişecek mi?

Yanıt evet! Aslında dolaylı olarak onlar da değişecekler. İlişkiler karşılıklıdır. Siz onlara karşı sevecen oldukça, onların davranışları da otomatik olarak değişecektir.

Durumlara öfkenin temizlenmesi

Hayatınızda sizi sürekli sinirlendiren ne var?
- Trafik
- Toplum
- İş hayatı
- Ülkenin gidişatı

Eğer gerçekten sizi olumsuz etkileyen ve sürekli tekrar eden konular varsa, benzer şekilde onları tüm göz pozisyonlarında temizleyin.

Sizi neden kızdırıyorlar?

"Her gün trafikte kalarak, özgürlüğümün kısıtlandığını hissederek günümün en güzel 2-3 saatini rezalet şekilde geçirdiğim, başkaları sürekli geçiş hakkımı çiğneyerek beni aptal yerine koyduğu için hissettiğim bu öfke..."

Size tavsiyem, (tabii ki güvenliğinizi garanti altına alarak) hissettiğiniz öfkeleri onların tetiklendiği ortamlarda temizlemeniz. Belki o an arabayı kullanmıyorsanız, sağ koltukta tampon tampona trafikteyken bu öfkenizi formatlayı deneyin. Etkisi büyük olacaktır!

Yaşadığımız durumlara olan öfkemizi formatlamamamızın en büyük nedeni, stres seviyemizi aşağı indirmesi. Eğer bazı durumları yaşamak zorundaysak en azından yarattığı stresten korunalım, o zamanın da keyfini çıkaralım değil mi?

Kendimizle
barışmak

Sadece öfke değil, kendimize yönelik hissettiğimiz tüm duyguları bu bölümde temizleyeceğiz.

Öfke, suçluluk ve utanç...

Peki, bu duyguların birbirinden farkı nedir?

Yaptıklarınız yüzünden kendinize zarar vermişseniz, hissedeceğiniz duygu daha çok kendinize karşı öfke olur.

Ama eğer yaptıklarınızla başkalarına zarar vermiş olma ihtimaliniz varsa, bu durumda hissedeceğiniz, kendinize olan öfkeyi çok daha iyi şekilde anlatan başka bir duygu var.

Suçluluk...

Peki ya utanç?

Utancın diğer iki duygudan en önemli farkı, öfke ve suçluluğu genelde olay gerçekleştikten belli bir süre sonra hissederken, utancı olay sırasında hissediyor olmamız...

Aslında hangi duyguyu neden hissettiğinizin mantığı çok da önemli değil. Şu an bizim ilgilendiğimiz, kendimize karşı hissettiğimiz bu duygulardan tümüyle arınarak kendimizle barışmak.

Peki, ama nasıl?

Bu duyguları yaşama nedenlerimizi ikiye ayırmakla başlayalım...

1- Geçmişte yaşadığımız olaylar
2- Hâlâ devam eden konular

Fark ettiyseniz, herhangi birine karşı duyduğumuz öfkenin temizliğinde de çok benzer şekilde ilerliyoruz.

Geçmişi temizlemek

Geçmişte yaşadığınız, kendinize karşı öfke duymanıza, suçluluk ve utanç hissetmenize neden olan olaylar varsa, "Hikâye Tekniği"yle temizleyin. Olayları kendi kendinize anlatırken bu duyguları yoğun hissettiğiniz yerlerde, göz taraması yaparak, her noktada duyguyu temizleyeceksiniz.

Peki, ne tür olayları temizlemelisiniz? Hayatınızdaki önemli başarısızlıklarınız, istediğiniz okulu kazanamamak, kötü geçen bir sunum, rezil olduğunuzu, utandığınızı düşündüğünüz olaylar, özellikle onlara zarar verecek şekilde birisine karşı yanlış davranmış olmanız, "iş üstünde" yakalandığınız kötü anlar...

Bu olayları hatırlamak için sorularımızı ayrı ayrı soralım.

- Hayatınızda kendinize çok öfkelendiğiniz olaylar nedir?
- Ya suçluluk duyduğunuz, yapmamanız gereken şeyleri yaptığınız, belki de başkalarına zarar vermiş olabilecekleriniz?
- Peki, yaşarken sizi gerçekten utandıran, belki yakalandığınız, belki insanlara o an rezil olduğunuzu hissettiğiniz olaylar var mı?

Ne yapacağınızı çok iyi biliyorsunuz...

Bu arada, olay bazında kendinize karşı olan öfkeyi, hissettiğiniz utancı, suçluluğu temizlerken bilinçaltınız yine size engel olmaya kalkabilir. Onu yine ikna etmeniz gerekebilir. Aşağıdakine benzer bir KİLİT İFADESİ oluşturarak, engeli temizleyebilirsiniz.

Örnek kilit ifadesi	
Duyguyu hissetme nedenlerimiz	.... yaptığım için
Duygunun tarifi, hissettiğimiz yer(ler)	şu an .... da hissettiğim bu soğuk suçluluk duygusuna rağmen...
Buna rağmen kendimizi sevmek ve duyguyu serbest bırakmak	Bu suçluluktan kurtulmayı asla hak etmesem de, çok kötü bir şey yapmış olsam da kendimi bu halimle çok seviyorum. Ve bu duyguyu tamamıyla serbest bırakıyorum.

Şimdiyi temizlemek

Hangi özellikleriniz sizde öfke uyandırıyor? Hangilerinden gerçekten nefret ediyorsunuz?

Fiziksel özelliklerimiz

İlk başta, içinde yaşadığımız bedeni tamamıyla sevmemiz gerekiyor. Eğer, kendinize bile söylemekten çekindiğiniz, farkında olmadığınız ama içten içe beğenmediğiniz özellikler varsa, şimdi dürüst olma zamanı...

Bu bölümü bir ayna karşısında yapmanız etkiyi katlayacaktır. Boyunuz, kilonuz, gözünü kaşınız, beğenmediğiniz her ne varsa, bir bir duygu yoğunluklarını formatlayın.

Karakterimiz

Karakterinizle ilgili değiştirmek istediğiniz özellikler var mı?

Eğitimimiz

İçinizde kalan pişmanlıklar ya da "keşke" dedikleriniz var mı?

Yeteneklerimiz ve kapasitemiz

İstediğiniz ama sahip olamadığınız yetenekleriniz neler? Kapasitenizden tam anlamıyla memnun musunuz?

Rahatsızlıklarımız

Sağlık sorunlarınız, ağrılarınız, rahatsızlıklarınız neler?

Davranışlarımız

Beğenmediğiniz davranışlarınız neler?

Ailemiz ve köklerimiz

Türk geleneklerinde, ailemiz bizim her şeyimiz. Ama yine de, ailenizden ve köklerinizden tam anlamıyla gururlu musunuz?

Suçluluklarımız

Hâlâ yaptığınız, yapmak zorunda olduğunuz ve sonucunda

kendinizi iyi hissetmediğiniz bir aktivite var mı?

Ne yapıyorsanız, yapmayın etmeyin ki bu duyguları da hissetmeyin!

Tabii ki şaka yapıyorum... Size akıl vermek değil amacım. İşiniz gereği bir ürünü satmaya çalışıyor olabilirsiniz. Belki gelen müşterilere –bu tam olarak doğruyu yansıtmasa da– satmaya çalıştığınız ürünün piyasanın en ucuzu ama aynı zamanda en kalitelisi olduğunu söylüyorsunuz. Eğer bir şeyi yapmak zorunda hissettiğiniz için yapıyorsanız en azından suçluluğunuzu formatlayabilmelisiniz.

Yine temizlemek için OLUMSUZ ifadeye ihtiyacımız var. İfadeyi oluşturmak için soracağımız sorular:

☑ NEDEN?

Neden suçlusunuz? Yaptığınız şey başkalarının hayatında tam olarak nelere sebep olabilir?

"Yalan söyleyerek insanları yanıltıyorum, günah işliyorum, insanların bundan çok daha iyi bir ürünü daha ucuza almalarını engelliyorum ve belki de benim ürünüm birkaç ay sonra ellerinde kalıyor."

☑ NASIL?

Tam olarak ne yaptığınız için suçlusunuz?

"Her gün gelen müşterilere gereğinden çok fazla fiyat veriyorum, ürünün piyasanın en iyisi ve kalitelisi olduğunu söylüyorum."

Biraz önce geçmişteki suçluluklarımızı temizlerken olduğu gibi, eğer duygu sadece vuruşlarla formatlanmıyorsa, dönüp bir önceki bölümde kullandığımıza benzer bir ifadeyle kilidi açmamız gerekebilir.

Duyguyu hissetme nedenlerimiz.	Her gün gelen müşterilere gereğinden çok fazla fiyat verdiğim, ürünün piyasanın en iyisi ve kalitelisi olduğunu söylediğim ve böylece yalan söyleyerek insanları yanıltıyor olduğum, günah işlediğim, insanların bundan çok daha iyi bir ürünü daha ucuza almalarını engellediğim ve belki de benim ürünüm birkaç ay sonra ellerinde kalacağı için...
Duygunun tarifi, hissettiğimiz yer(ler).	Şu an karnımda ve kalbimde hissettiğim bu suçluluk duygusuna rağmen...
Buna rağmen kendimizi sevmek ve duyguyu serbest bırakmak.	Ben kendimi bu şekilde, bu hareketi yapan halimle de olduğum gibi çok seviyorum. Herkes hata yapabileceği için, hatasız insan olmadığı için, böyle davranmam için nedenler olduğu, bakmam gereken insanlar, ödemem gereken faturalar ve taksitler olduğu ve artık bu suçluluk duygusundan kurtulmayı hak ettiğim için bu duyguyu tamamıyla serbest bırakıyorum.

Bize kalitesiz bir ürünü olması gerekenden yüksek bir fiyata satmaya çalışan birine sempati duymanızı beklemiyorum tabii ☺. Ama yukarıda canlandırdığımız karakter bize "suçluluk" duygusunu formatlamak açısından iyi bir örnek sunuyor.

ÖZEL
DURUMLAR

Fobiler

Aslında söylendiği zaman kulağımıza çözülmesi çok zor olacak gibi gelse de, NeuroFormat® tekniğinin en etkili olduğu konu fobiler.

Şu ana kadar birçok fobi üzerinde çalıştım. Hatta hayatını fobisinden kaçmaya göre kurgulayan insanlar bile tanıdım. Bu fobilerin bazıları dakikalar içerisinde tamamıyla çözüldü. Hatta bazıları daha da kolaydı. Size inanılmaz gelebilir ama 30 saniye içerisinde çözülen fobiler bile gördüm.

Şunu rahatlıkla söyleyebilirim ki, fobisi olan kişilerin yüzde 80'inde, ortalama 1 saatlik çalışmayla fobi tamamıyla temizleniyor.

Milyonlarca kişinin izlediği bir canlı yayında hem de "temizlenmesi en zor" fobilerden biri olduğunu düşündüğüm kedi fobisini temizlediğim bile oldu. Yayın sırasında seyirciler arasından seçilen bir kadının kedi fobisini yaklaşık 1 saat içerisinde temizlemek benim için hem büyük bir risk hem de büyük başarıydı.

Aslında hiçbir hazırlık ve plan yapılmadan ortaya çıkan "ani" bir durumdu. Benden "pratik" ve somut bir örnek göstermem istendiğinde ben de "Fobi temizleyebiliriz" dedim ve olaylar gelişti. İnternette benim ismimle bir arama yaparak bu görüntülere ulaşabilirsiniz.

Bu temizleme işinde aldığım asıl risk başarının biraz da karşıdaki kişinin "sabrı", "cesareti" ve "iyi niyetine" bağlı olmasından kaynaklanıyor. Bu arada, "fobi temizleyebiliriz" dediğimde karşıma en zor olduğunu düşündüğüm kedi fobisi olan bir izleyicinin çıkarılması da olaya ayrı bir "heyecan" katmıştı ☺.

Gördüğünüz gibi gayet iddialıyım! Fobilerin sistemimizden temizlenmesinin bunu bir canlı yayında yapacak kadar kolay olduğunu söylüyorum. Peki, ama fobiler neden ortaya çıkıyor? Ve bazılarının temizlenmeleri neden daha kolay? Bazıları neden daha zor?

Fobilerin genelde çok kısa bir süre içinde, çok yoğun bir tecrübeyle oluşmuş "çok güçlü bir öğrenme" olduğundan, tepkinin mantıkla değil, otomatik olarak verildiğinden ilk kitabımda da bahsetmiştim. Bu kitapta teorilerden çok pratik ve sonuç odaklı bir yöntem izliyorum. Hadi gelin beraberce fobilerin nasıl temizleneceğine odaklanalım.

Fobileri formatlamak

İlk olayı temizlemek

Burada aklımızda tutmamız gereken çok önemli bir ayrıntı var: Çoğu fobinin net ve kesin bir başlangıç noktası vardır. Fobiler önemli bir travma anıyla hayatımıza kötü bir şekilde girebiliyorlar. Onları temizlemek için de yapmamız gereken ilk hareket, eğer hatırlıyorsanız, bu olayı Hikâye Tekniğiyle formatlamak olacaktır. Eğer bu olayı detaylarıyla hatırlayıp tüm bileşenlerini formatlarsanız, fobinizin tamamıyla geçmesini sağlayabilirsiniz.

Tetiklemek

İlk olayı hatırlamak işimizi kolaylaştırsa da çoğu fobiyi geçirmek için çok da elzem değil. Fobileri formatlarken en büyük sorunumun, korkuyu temizlemekten ziyade tetikleyebilmek olduğunu söyleyebilirim. Şimdi korkuyu yaratan nedenleri birer birer tetiklememiz gerekiyor.

Her fobide korkuyu nasıl tetikleyeceğiniz biraz da fobiye göre değişiyor. Eğer kedi fobiniz varsa bundan tamamıyla kurtulmak için bir kediye ihtiyacınız olacaktır. Ancak, eğer uçak korkunuz varsa korkuyu temizleyebilmek için elinizin altında her zaman bir uçak bulunmayabilir ☺. İşte o zaman, iş hayal gücünüze düşüyor.

NeuroFormat® vuruşlarıyla temizlik

Farklı fobilerin tabii ki farklı parçaları var. Onları tamamıyla formatlamak için de bu parçaların birer birer tetiklenmesi, onlardan dolayı hissettiğimiz korkunun temizlenmesi gerekiyor.

Önemli:

Çoğu zaman eğer fobiyi "gerçek ortamda" tetikleme imkânınız varsa göz pozisyonlarını taramaya ihtiyaç duymayacaksınız. Yine aynı şekilde fobi gerçek ortamında tetikleniyorsa, NeuroFormat® durušunda da olmayabilirsiniz.

Üzerinde çalıştığınız fobi bir canlı hayvan fobisi, asansör ya da uçak fobisi olabilir... Yapmanız gereken fobiyi yavaşça tetiklemek, "korku kaynağına" yavaşça yaklaşarak, en sonunda hedeflenen durumda (hayvanın yanında, asansörde, uçakla yolculuk yapma halinde) hiçbir korku hissetmemek. Zaten fobinizin kaynağı çok yakınken korkunun tetiklenmesi için gözlerinizle taramaya ihtiyacınız olmayacaktır.

Şimdi bir örnekle özetleyelim. Daha sonra farklı fobilerde ne yapabileceğimizi göreceğiz.

159

Kedi fobisi   **ÖRNEK**

Canlı yayında kedi fobisini ortadan kaldırmak gibi önemli bir "heyecanı" göze aldığım ve şükürler olsun ki bunu hakkıyla başardığım için ilerleyen zamanlarda aynı problemi olan birçok insanla yollarımız kesişti. Ben şahsen güzel ülkemizde aynı problemden şikâyetçi bu kadar insan olduğunu bilmiyordum.

Bu arada temizlemesi en zor, en şiddetli fobinin kedi fobisi olduğuna, bunun nedeninin ise fobi kaynağının ev dışında sürekli tetiklenme ihtimali olduğuna kanaat getirdim. Eğer yüksekten aşağı bakmazsanız, uçağa ya da asansöre binmezseniz bu korkular sizi rahat bırakacaktır ancak özellikle hayvan fobilerinde durum öyle değil. Özellikle Türkiye'de en sık karşılaştığımız sokak hayvanı kedi olduğu için bu problem sıklıkla tetikleniyor. Kedi fobisi olanlar hiçbir şekilde kendi ellerinde olmadan, kontrol etmedikleri bir şekilde bu korkuya maruz kalıyorlar.

İlk olayı temizlemek

Vardığım diğer bir sonuçsa, ilginç bir şekilde kedi fobisi olan çok az kişinin ilk yaşadığı olayı hatırlaması. Neredeyse hepsi kendini bildi bileli bu fobiyi yaşıyor gibi hissediyorlar.

Köpek fobilerindeyse herkesin bir ısırılma ya da kovalanma olayı var.

Eğer bir ilk olay hatırlanıyorsa, bunu "Hikâye Tekniği"yle temizleyin.

Tetiklemek

Kedi fobisini tetiklemek oldukça kolay. Tek ihtiyacınız olan şey bir kedi ☺.

Tabii ki kediye kontrollü bir şekilde yaklaşılması gerekiyor. Belki ilk başta yan odada olması, kapının girişinden o odaya bakılması, ilk aşamada bağlı ya da birinin kucağında olması, kapalı bir kafes içinde olması gibi. Her aşamada yakınlık derecesinin arttırılması gerekiyor. Belki sürecin sonunda kişi ona dokunmaya, hatta kucağına almaya başlayabilir.

Her aşamada sorulması gereken soru:

"Ben şu an kedinin en çok nesinden korkuyorum?"

Dişleri, kulakları, gözleri, patileri, üzerime gelip ayaklarıma dokunma ihtimali, beni tırmalama ihtimali...

Bu arada kişinin kediye dokunması ya da kucağına alması korkunun tamamıyla geçtiği anlamına gelmez. Fobinin tümüyle sıfırlanması için, belki gözleri kapalı bir şekilde kediyle aynı odada olmasının (böylece kediyi izleyerek her an kontrol etme isteğinin ve bunu yapamamasının tetiklenmesi), ayakta kedinin üzerine doğru koşmasının tetiklenmesi gibi özel durumların tetiklenerek temizlenmesi gerekecektir.

NeuroFormat® Vuruşlarıyla temizlik

Peki, duyguları nasıl temizleyeceğiz? Tabii ki 4 deşarj noktasına (biliniyorsa özel noktaya) vurarak temizlik yapacağız.

KİLİT İFADESİNİ aşağıdakine benzer şekilde oluşturabilirsiniz. Özellikle çok şiddetli fobilerde ilerleme sağlanabilmesi için gerçekten KİLİT İFADESİNİN "avaz avaz" bağırılarak söylenmesi gerekebilir.

Örnek kilit ifadesi	
Duyguyu hissetme nedenlerimiz	Şu an kedi üzerime geldiği için, dişleriyle beni ısıracak, patileriyle beni tırmalayacak olduğu için, bundan dolayı tüm bedenimde hissettiğim bu sıcak korkuya rağmen, bu korkudan kurtulmak benim için güvenli olmasa da, bu korku beni kediden ve onun bana zarar vermesinden koruyor olsa da...
Duygunun tarifi, hissettiğimiz yer(ler)	Tüm vücudumda hissettiğim bu sıcak korkunun tamamını ve geri kalanını...
Buna rağmen kendimizi sevmek ve duyguyu serbest bırakmak	Ben zaten kediye rağmen güvende olduğum için, bana hiçbir şey yapmasının imkânı olmadığı için, asıl bu korku bana zarar verdiği için bu duyguyu serbest bırakıyorum...

Özellikle hayvan fobileri oldukça yoğun geçecek çalışmalar olduğu için süreç boyunca kendinizi rahat bırakın. Kilidi açma cümlesini, hem "karate noktası"na vururken hem de "özel noktalarınızla" duyguyu formatlarken kullanacaksınız. Daha önce tekniğin detaylarını verirken söylediğimiz gibi, KİLİT İFADESİNİ bir kez karate noktasında, daha sonra deşarj noktalarında (özel noktanızda) tekrar edin.

Yapmanız gereken, her yeni pozisyonda o an gerçekten korktuğunuz nedeni ve sizde yarattığı duyguyu bularak, yukarıdaki boşlukları doldurarak yeni KİLİT İFADELERİ oluşturmak. Uygulama yapıldıkça, yeni yeni ifadeler yaratılacak ve hepsinin etkisi de birer birer temizlenecektir.

Tabii hepimiz kedilerden korkmuyoruz. Hatta özellikle de kedi besleyen kedisever biriyseniz şu an bu yazıyı okuyarak "Kedinin nesinden korkulur arkadaş, ne garip insanlar var!" diye düşünüyor olabilirsiniz. Kedi fobisini anlatma nedenimiz, en zordan başlamaktı. Burada okuduklarınızı değiştirerek farklı fobilerde uygulama yapabilirsiniz.

İşin genelini kaptık. Ama yine de çok yaygın gördüğüm fobilerdeki incelikleri ve püf noktalarını sizinle paylaşacağım.

Önemli:

Bazı hayvan fobilerinde çok şiddetli duygular açığa çıkacaktır. Özellikle korktuğunuz hayvana kademeli olarak yaklaşılması, kişinin biraz zorlanarak korkunun tetiklenmesi gerekse de, kaldıracağından fazlasıyla bir anda karşı bırakılmaması gerekmektedir.

Özellikle yaşlılarda, kalp ve benzeri hastalığı olan kişilerin aşırı zorlanmaması, sağlık ekibi ve bir profesyonelin yardımıyla bu sürecin uygulanması daha doğru olacaktır.

Benzer hayvan fobileri

Kedi dışındaki diğer hayvan fobilerinde ilk olaylar daha çok hatırlanıyor. Bunları öncelikli olarak temizleyin.

Tetiklemek adına korktuğunuz hayvanın ortamda bulunması oldukça önemli. Ancak bu başarılamıyorsa, internet üzerinde bulacağınız farklı videolarla korkuyu tetikleyebilirsiniz. Özellikle çeşitli böcekler, yılan gibi fobi tetikleyicisine ulaşmanızın güç olduğu fobiler için bu yöntem daha doğru olacaktır.

Uçak fobisi

Genelde uçak fobisinin nedenleri farklı olabiliyor. Mesela;

- Bir yolculukta "hava boşluğuna" girilmesiyle, şiddetli sallanmaların yaşandığı ve "düşme korkusunun" ortaya çıktığı bir olay olması
- Uzun süre bir "tüp" içerisinde kapalı kalma, "nefes alamama korkusu"

- Uçakta kişinin panik atak ya da benzeri sağlık sorunları yaşama, sağlık personelinin olmaması ve çevredekilere "rezil olma" ihtimali

Aslında uçak fobisinin ortaya çıkma nedenleri yukarıdakilerle sınırlı değildir ve bahsettiğimiz 3 farklı nedenin de birbirinden çok farklı olduğunu söyleyebiliriz.

Belli bir olayla başlayan uçak fobileri

3 farklı neden arasında en "gerçeği" birinci paylaştığımız, yani bir olayla başlayanı. Temizlemek için ilk yapmamız gereken yaşanılan ilk olayı "Hikâye Tekniğiyle" temizlemek.

Zaten "Hikâye Tekniğinde" gözleriniz kapalı olduğu ve fobiyi gerçek bir ortamda tetiklemediğiniz için, bunu yaparken biraz önce söylediğimin aksine NeuroFormat® duruşuna geçin ve gözlerinizle taramayı standart şekilde gerçekleştirin.

Bu hikâyeyi yaratan tüm unsurlar tamamıyla temizlenirse, uçak fobiniz de tamamıyla geçebilir.

Fobi yıllar önce başlamış ve farklı olaylarla pekişmişse, yaşadığınız benzer olayları temizlemeniz gerekebilir. Evet, yine Hikâye Tekniğini kullanarak.

Fobinizin başlangıç şiddetine ve uygulamadaki şiddetine göre işiniz biraz daha uzayabilir.

O zaman ne yapacağımızı görelim...

Uçarak fobiyi temizlemek

Tıpkı kedi örneğinde olduğu gibi, uçak fobinizi de onu gerçek ortamda tetikleyerek temizleyebilirsiniz.

Öncelikle hissettiğiniz tüm kaygıları, hissettiğiniz anda temizleyeceksiniz.

- Belki 1 hafta öncesinden, stres olmaya başlayacaksınız. Tüm göz noktalarında hissettiğiniz kaygıyı temizleyin.
- Bir gece öncesinde yapacağınız şey yine aynı.
- Havaalanına giderken hissettiğiniz duyguyu formatlayın.
- Gümrük kontrolünde, uçağa binmek üzereyken, uçaktayken, kalkış anında, sarsılırken, türbülans hissettiğiniz anda, iner-

163

ken... Kısacası hissettiğiniz her an, ne hissettiğinizin farkına varın ve kaygınızı temizleyin. Burada çok net şekilde göz noktalarını bulabiliyorsanız, tarama yaparak temizlemenizi öneririm.

• Uçak fobiniz tamamıyla geçecektir.

Önemli:

Yine şiddetli uçak fobilerinde çok şiddetli duygular açığa çıkacaktır. Eğer üstesinden gelemeyeceğinizi düşünüyorsanız, her zaman nasıl biniyorsanız yine öyle yapın ama örneğin ilaç vs alarak biniyorsanız bu kez daha az doz alın. Zorlanarak korkunuzun tetiklenmesi gerekse de, asla kaldıracağınızdan fazlasıyla karşı karşıya kalmayın. Sağlığınız fobinin geçmesinden daha önemli.

Özellikle yaşlılarda, kalp ve benzeri hastalığı olan kişilerin aşırı zorlanmaması, sağlık ekibi ve bir profesyonelin yardımıyla bu sürecin uygulanması daha doğru olacaktır.

164 Sadece bir olaya bağlı olanlarda değil, diğer uçak fobilerinde de "uçarak" fobiyi yenmeye çalışmak başarılı olabilmektedir. Yine çok şiddetli fobilerde, profesyonel yardımla bunun yapılması çok daha doğru olacaktır.

Uçakta sağlık sorunu yaşamaktan korkmak

Panik atak ve benzeri durumları yaşamaktan korkan insanlar sadece uçak değil, feribot, tren, otobüs gibi birçok toplu taşıma aracından da çekiniyor olabilirler.

Onların üzerinde çalışması gereken, hastalıklarının yarattığı kaygıyı temizlemek olacaktır. Evet, bu ne yazık ki uçak korkusundan daha uzun uğraş gerektirecektir.

Ancak yine de, profesyonel bir yardımla tekniklerimizi kullanarak bu korkunun "uçma esnasında" (ya da diğer taşıtlarla yolculuk yaparken) tamamıyla temizlenmesi mümkün. Fobinin yoğunluk derecesine göre süre ve başarı da değişebilir.

Uçakta nefes alamamak

Yine aslında uçaktan bağımsız olarak, benzer kişilerde tüm kapalı ortamlardan sakınma durumu gerçekleşebiliyor. Asansör, kilitli odalar, tüneller, kalabalıklar, metrolar... Bu da bizi aslında klostrofobi ile nefes alamama korkusuna götürüyor.

Klostrofobi (kapalı alan korkusu)

Asansörden tünellere kadar birçok kapalı mekânda tetiklenen kapalı alan korkusunu yine benzer şekilde temizleyeceğiz.

Genelde yine yaşanan bir olayla ortaya çıkan kapalı alan korkusunun iki boyutu var.

1- Kilitli kalmak ve çıkamamak
2- Nefes alamamak

Özellikle yaşanan ilk olayı formatlayarak başlayın. Kapalı alan korkularında ilk olay çok bariz olmayabilir. Düşünmeniz gereken olası ilk olaylar:

- Asansör ve benzeri bir yerde kalmış olmak.
- Suda ya da benzeri bir yerde boğulma tehlikesi atlatmış olmak.
- Bir yakınının cenazesinde çok üzülerek, ölen kişiyle fazla empati kurmak ve sanki tabuta kendi girmiş gibi hayal ederek bundan korkmuş olmak.
- Bir korku filminde kurbanla empati kurup onun kapalı kaldığı yerde kalmaktan korkmuş olmak.

Kapalı alan fobisini tetiklemek de pek zor değil. Tetiklendiğinde ne yapacağınızı biliyorsunuz.

Kapalı alan korkusu çoğu zaman panik atakla beraber görülebiliyor. İşte böyle durumlarda panik atağın geçmesi için, kapalı alan korkusunun da öncelikli temizlenmesi gerekiyor.

NeuroFormat® sistemini kullanarak benzer şekilde birçok fobinizden kısa sürede kurtulabilirsiniz. Aşağıda bunlardan bazılarını bulabilirsiniz.

- Açık yer (agorafobi)
- Kapalı yer (klostrofobi)

- Topluluğa karşı konuşma
- Yılan, örümcek, her türlü böcek ve hayvan
- Yükseklik
- Uçak
- Kusma
- Bayılma
- Ölüm

Özetlemek gerekirse, fobiden kurtulabilmenin en önemli üç aşaması var:

1- Bulunabilirse ilk olayın formatlanması.
2- Fobiye neden olan durumların olabildiğince gerçeğe en yakın şekilde canlandırılması.
3- Her aşamada fobiye sebep olan nedenlerin yarattığı duyguların birer birer temizlenmesi.

Şimdi yine "fobi" olarak adlandırılan, ama benim naçizane yanlış terminoloji olduğunu düşündüğüm başka bir özel durumu çözelim.

"Sosyal fobi." Bir başka deyişle utangaçlık!..

Utangaçlık

Utangaçlık durumuna "sosyal fobi" denmesinden çok hoşlanmıyorum. Çünkü utangaçlığın genelde tek bir olayla başlamadığını düşünüyorum. Yine de bazı utangaçlıklarınız belli olaylardan sonra başlayabilir.

Topluluğa karşı konuşma korkusu

Başarısızlıkları temizlemek

Topluluğa karşı konuşamamanızın temelinde muhtemelen ilk başarısızlığınız olduğunu düşündüğünüz bir olay vardır. **167**

- İlkokul öğretmeninizin sizi sözlüye kaldırması ve sizin cevap veremeyip "rezil olmanız"
- Şiir okuma deneyiminizde herkesin gülmesi
- Üniversitedeki ilk sunumunuz

Yapmanız gereken belli: "Hikâye Tekniği"ni kullanarak bulduğunuz önemli olayları formatlayın.

Geleceği pratik etmek

Sonrasındaysa, sizi rahatsız eden, gelecekte yaşayabileceğiniz durumlar için pratik yapın. Mesela, yaklaşan, yapmanız gereken ama sizi çok tedirgin eden bir durum varsa, gözlerinizi kapatın ve tüm detaylarıyla olabilecek tüm kötü senaryoların yarattığı hissi temizleyin. Evet, Hikâye Tekniğini kullanacaksınız. Ama henüz yaşanmamış ve başarılı olacağınız için hiç yaşanmayacak bir "Hikâye" üzerinde.

Evet, hikâye bir geçmişi değil, olabilecek kötü senaryoları içeriyor. Siz hikâyeyi biraz "uyduracak" ve hissettiğiniz duyguları temizleyeceksiniz.

Size tavsiyem, özellikle uygulamaları onların en fazla tetiklendiği yerlerde yapmanız. Mesela, eğer seyirci olarak bir sunuma katılıyorsanız, "çaktırmadan" gözlerinizi kapatın ve kendinizi orada düşünerek hissettiklerinizi formatlayın.

Aslında, hayatınızda ortaya çıkan tüm kötü duyguları "tam da tetiklendikleri noktada" formatlamanız çalışmalarınızı çok daha etkili ve hızlı hale getirecektir.

Şimdi eyleme geçmenizi engelleyen tüm nedenleri formatlayalım.

Eyleme geçme korkusu

Bu bölümde, yapmanız gereken ya da sizin için çok ciddi yararları olacak ama yapmaktan çekindiğiniz her şeyi daha rahat gerçekleştirmek adına önünüzdeki engelleri nasıl temizleyeceğinizi görelim.

Hangi konuda eyleme geçmekten korkuyor olabiliriz?

- Telefonla satış için aramak
- Karşı cinsle tanışmak
- Borç verdiğiniz kişiden borcunu ödemesini istemek
- İnsanlara "hayır" diyebilmek

Sonuçta bunları hepsi yapmaktan büyük fayda göreceğimiz şeyler, ama beynimiz kendine göre bir "zarar" göreceğini düşündüğü için bu davranışları kolay bir şekilde yapmamızı engelliyor. İçimizde, beynimizde bir yer bu davranışları gerçekleştirmemize engel oluyor.

Aslında uygulayacağımız yöntem oldukça tanıdık. Tüm olasılıkları değerlendirerek, bu olasılıklarda beynimizin hangi kaygıları olduğunu keşfederek, bulduğumuz korkuları birer birer temizleyeceğiz.

3 farklı olasılıkta korkular ortaya çıkabilir.

1- Eylem sırasında
2- Başarı ihtimalinde
3- Başarısızlık ihtimalinde

Eyleme geçersem hangi temel korkular tetiklenir?
Başarılı olursam?..
Başarısız olursam?..
Üzerinde çalıştığımız eyleme göre, her ihtimalde ortaya çıkabilecek önemli korkuları daha önce yaptığımız gibi OLUMSUZ ifade oluşturarak temizleyeceğiz.

Peki, OLUMSUZ ifadeyi nasıl bir kalıpta oluşturmalıyız?

Aslında kullanacağımız yapıyı daha önce detaylı olarak irdelemiştik... "Meli-malı" temizliği sırasında...

Daha detaylı bilgi almak için, ilgili bölümü okumanızı tavsiye ederim. Orada "meli-malı"ları olumlu halleriyle formatlamıştık, buradaysa "memeli-mamalı" yani olumsuz cümle yapısında temizleyeceğiz. OLUMSUZ ifade yapısı aşağıdaki gibi olacak.

Eylem (detaylı tasvir) + yoksa + korkular

"Ahmet'i şimdi arayıp telefonda borcumu istememeliyim, yoksa benim paragöz olduğumu düşünebilir, onu kırabilir ve kaybedebilirim."

"Arkadaşlarımın hiçbirini arayıp telefonda sigorta satmamalıyım yoksa benim küçük hesaplar yapan, arkadaşlarını çıkar için kullanan biri olduğumu düşünebilirler."

Daha kapsamlı bir örnekle pekiştirelim.

Tanışma korkusu

Mesela yeni biriyle tanışmanız söz konusu. Belki de romantik bir ilişkinin başlangıcı olacak bir tanışma bu.

Başarısızlıkları temizlemek

Yine tahmin ettiğiniz gibi, bu konuda başarısız olduğumuz olayları Hikâye Tekniğiyle formatlamakla başlayacağız. Ne yapacağınızı çok iyi biliyorsunuz.

Bu arada başarısızlıklar sizinle sınırlı olmayabilir. Hayatınızda çok feci şekilde bir reddedilme olayına tanık olmuş ve gereğinden fazla büyük bir ders çıkarmış olabilirsiniz. "Tamamen emin olmadan, kimseye gidip 'merhaba' dememeliyim yoksa o olaydaki gibi ben de rezil olurum" gibi bir inanca sahip olabilirsiniz.

Gerçek hayatı temizlemek

Bundan sonrasındaysa beynimizdeki tanışmakla ilgili kaygıları formatlamayacağız.

Şimdi bahsedeceğim alıştırmayı gerçek hayatta bol bol yapmanızı tavsiye ederim. Gerçekten özellikle karşı cinsle tanışabileceğiniz ortamlara gidin ve tanışmak isteyeceğiniz birini gözünüze kestirin. O an onunla gerçekten tanışmayı isteyin, sonuca gerçekten motive olun.

Hemen ardından aslında o an onunla konuşmanıza engel olan OLUMSUZ ifadeyi oluşturun. Zaten normal şartlarda buna benzer bir düşünce, bu eylemi otomatik olarak yapmanızı engelliyor.

EYLEM (DETAYLI)

"Şu an karşımdaki bu kızın masasına gidip, onun gözlerinin içine bakarak ona 'merhaba' deyip konuşmaya başlamamalıyım."

KORKULAR

"Yoksa bana, zaten yakışıklı olmadığım için, 'hayır' diyebilir, beni tersleyebilir, herkesin içinde rezil olabilirim, beni bu şekilde gören herkes benim tüm kızlara 'yazan' bir adam olduğumu düşünebilir."

Mümkün olduğu kadar çok ortamda, bu pratiği tekrarlayın. Özellikle eylemi detaylı olarak tasvir etmeniz, korkuları da abartmanız, olabilecek en kötü şeyleri katmanız önemli.

Bu arada biraz önce kullandığımız korkular daha çok başarısızlık ihtimaliyle ilgili. Kapsamlı bir temizlik için 3 ayrı ihtimalin de ayrı ayrı düşünülmesi önemli...

Eylem anı, sonuç başarılı olursa, sonuç başarısız olursa...

Belki reddedilmekten ziyade, o an muhabbeti devam ettirememekten korkuyor olabilirsiniz. Ya da aslında bilinçaltında başarılı olursam, bu insanla tanışıp çıkmaya başlarsam param yetmez ve daha sonra rezil olurum şeklinde "başarının" sonucu olacak bir korku da olabilir.

Bilinçaltının gerçekte hangi korkudan dolayı sizi engellediğini bulmanın tek gerçek yolu bütün olasılıkları sistemli bir şekilde gözden geçirmeye çalışmak. Bulduğumuz ihtimallerle ilgili OLUMSUZ ifadeleri oluşturduktan sonra, onları tüm göz noktalarında teker teker temizlemek.

Bu alıştırmayı etkili bir şekilde, farklı ortamlarda uygularsanız belli bir süre sonra, yeni birileriyle tanışmak size oldukça kolay gelecek. Hatta eskiden farklı olduğunuzu inkâr etmeye bile başlayabilirsiniz.

Eyleme geçmekte zorlandığınız, sizi durduran engellerin olduğunu düşündüğünüz tüm durumlarda benzer yöntemle çok kısa sürede hızlı başarılar elde edeceksiniz.

Şimdi özel durumlardaki utangaç hallerimizi nasıl temizleyeceğimize bakalım.

Utangaç olduğumuz anları temizlemek

Eğer belli ortamlarda daha utangaç olduğunuzu düşünüyorsanız onları teker teker not edin. Hangi ortamlar?

- Okulda yemekhanede tek başıma yemek yerken
- Metroda seyahat ederken
- Toplantıdayken
- Telefonda tanımadığım biriyle konuşurken

Gözlerinizi kapatın ve kendinizi utangaç olduğunuz yerlerde hissedin. Gerçekten utandığınız tüm durumları abartılı şekilde yaşandığınızı hissedin. Hikâye Tekniğini kullanarak, gelişebilecek olayları anlatın...

Yine en kötü hissettiğiniz yerlerde tarama yaparak bulduğunuz göz pozisyonlarını her zamanki bildik şekilde temizleyeceksiniz.

Tüm ortamlarda bunu uygulayın. Bu arada tekrar etmek gerekirse, duyguların en fazla tetikleneceği yerler gerçek hayatta utandığınız anlardır. Bu nedenle, yapabiliyorsanız gözlerinizi kapatmaktan ziyade bu anları bizzat yaşarken, taramayı yaparak temizliği "kamufle" bir şekilde gerçekleştirin.

İç sesinizi değiştirmek

Utangaçlıkta, olumlamaları kolayca ve etkili bir şekilde yardımcı olarak kullanabilirsiniz. Tek başlarına yeterli olmasalar da, utangaçlığın "formatlanmasında" yani NeuroFormat® teknikleriyle beraber kullanıldıklarında etkiyi ve hızı arttırmaktadırlar.

Olumlamaların mantığı, her gün yapılan tekrarlarla, beynimizin düşünce alışkanlığının değiştirilmesidir. Geleneksel uygulaması, belli sayıda olumlu cümlenin, her gün kendi kendine söylenerek, bu düşüncelerin bilinçaltına geçirilmesi şeklindedir.

Olumlamaları, en basit ve en etkili şekilde kullanmanın yolu, bilgisayarların ve cep telefonlarının hayatımızda olmasıyla artık çok kolay hale gelen kayıt olanaklarını kullanmaktır. Eğer yapabiliyorsanız, arka planda klasik bir müzik ile duygusal yoğunluk yaratan ifadeleri kaydederek, cep telefonunuzu ya da MP3 oynatıcınızı, bir kişisel gelişim aracına dönüştürebilirsiniz. Olumlamalarınızı, bilinçli olarak dinlemenize gerek yok. Günün hangi saatinde olursa olsun, arka planda çalıyor olmaları yeterli.

İlk önce bir kâğıt kalem ya da bilgisayar yardımıyla gerçekten olmayı istediğiniz şeyleri, yaşamayı istediğiniz hayatı ifade eden cümleleri oluşturun. Ne kadar mükemmel, sosyal, kendine güvenli, dışa dönük olduğunuzu ve olmayı istediğiniz her şeyi gerçekten öyleymişsiniz gibi yazacaksınız. Şimdi bu cümleleri yazarken dikkat etmeniz gereken noktaları görelim.

Olumlu

Kullanacağımız cümlelerin, sadece olumlu ifadeler içermesi gerekiyor. Bilinçaltının, zaten olumsuz ifadeleri işlemediğini biliyoruz. Örnek vermek gerekirse, "ben kötü değilim" gibi bir ifade, bilinçaltı tarafından "ben kötüyüm" olarak algılanacağı için, "ben iyiyim" ifadesinin kullanılması gerekiyor.

Şimdiki zaman

Bilinçaltımızın zaman kavramı yok. Onun için her şey sadece şu an gerçekleşiyor. Bu nedenle, olumlamalarda "çok başarılı işler yaptım" yerine "çok başarılı işler yapıyorum" ifadesi etkiyi arttıracaktır.

Benzetmeler

Olumlamalarda da görsel, işitsel, dokunsal benzetmelerin kullanımı etkiyi arttırıyor. Mesela, "bir güneş gibi herkese apaydınlık bir ışık" verdiğinizi ya da tanınmış bir şovmenin ismini kullanarak onun gibi eğlenceli olduğunuzu söyleyebilirsiniz. **173**

Duygusal yoğunluk

Olumlamaların, kendi kelimelerimizden çıkması ve duygusal yoğunluk yaratması gerekiyor. Bir başka deyişle, "ben iyiyim" yerine "ben süperim" tercih edilmelidir.

Kısa ifadeler

Konuşma terapilerinin etkisizliğinin en önemli nedenlerinden biri, bilinçaltının uzun cümleler arasında bağlantı kurmakta zorlanmasıdır. Onun öğrenebilmesi için, belli bir bütünlükte bilginin çok kısa zamanda veriliyor olması gerekiyor. Bu nedenle ifadelerin, mümkün olduğunca kısa olması etkiyi katlayacaktır.

Ben ve sen

İfadelerde, hem "ben", hem sanki başkası söylüyormuş gibi "sen" kelimelerinin dengeli olarak kullanımı, etkiyi büyütüyor. Aynı örnekten devam edecek olursak, "ben süperim" ve "sen süpersin" aynı oranda kullanılmalı.

Oluşturduğunuz ifadeyi hem "ben" hem de "sen" öznelerini kullanarak ayrı ayrı yazın. Mesela ortalama 20-30 farklı olumlama yapılmalı, "ben"liler ve "sen"liler ayrı olacak şekilde gruplanmalı. Yazı olarak mükemmel hale geldiği zaman onları kaydedeceksiniz. Yapabiliyorsanız kayıt sırasında hoşunuza giden rahatlatıcı bir klasik müzik çalabilirsiniz. Tüm "ben"li ifadelerin her birini 3 kez okuyarak kaydedin. Daha sonra aynı şekilde "sen"li ifadeleri kaydedin. Ses tonunuzun kendinden emin, enerjik ve keyifli olmasına dikkat edin. Olumlamaları inanarak okumanız çok önemli.

Yarım saatlik bir kayıt elde etmiş olabilirsiniz. Kısa ya da daha uzun olmasının bir önemi yok. Şimdi artık tek yapmanız gereken, uygun olan her yerde, mümkün oldukça bu kaydı bir kulaklık yardımıyla dinlemek. Eğer cep telefonunuzu ya da MP3 oynatıcınızı kullanırsanız her zaman yanınızda bulunabilir.

Bu arada kayıtlarınızı bilinçli şekilde oturup dinlemeyin, sadece kaydın arkada çalması yeterli. Bunu kesinlikle yapın, belki başında biraz fazla uğraşacaksınız. Ancak, daha sonrası çok kolay. Sadece "pasif dinleyici" olacaksınız ve inanın buna değecek.

Bu arada, kullanmak isteyebileceğiniz örnek olumlamalardan bazılarını aşağıda bulabilirsiniz. Tabii kendinizi bunlarla sınırlanmış hissetmeyin. Nasıl olmayı istiyorsanız o şekilde olumlamaları oluşturun. Utangaçlık konusundan yola çıktığımız için ikili ilişkileri kolaylaştıracak olumlamalar var bu listelerde. İş, başarı, sağlık, kendine güven... olmak istediğiniz her durum için siz de kendi olumlamalarınızı oluşturabilirsiniz.

İlişkiye açık ERKEK

- Sevgi dolu ve harika bir ilişkiye açığım ve onu kabul ediyorum.
- Kalbim sevgiye tamamıyla açık.
- Hiç tanımadığım kadınlarla kolayca konuşuyorum.
- Kadınların yanında rahat ve huzurluyum.
- Kadınlar beni karşı konulmaz buluyor.
- Kadınların yanında sakinim.
- Usta bir baştan çıkarıcıyım.
- Kadınlarla bir aradayken gözlerine bakıyorum.
- Güzel kadınları çekiyorum.

- Herhangi bir kadına kolaylıkla gidip, onunla konuşmaya başlıyorum.
- Kadınlarla buluşmak benim için çok normal.
- Kadınları kolayca güldürebiliyorum.
- Kadınlarla buluşmayı seviyorum.
- Başarılı kadınlarla karşılaşıyorum.
- Aşk, sevgi ve mutluluğu hak ediyorum.
- Aşk, sevgi ve mutluluğu mıknatıs gibi kendime çekiyorum.

İlişkiye açık KADIN
- Sevgi dolu ve harika bir ilişkiye açığım ve onu kabul ediyorum.
- Kalbim sevgiye tamamıyla açık.
- Erkekler bana doğru çekiliyor.
- Erkeklerin yanında kendimden eminim.
- Harika adamlarla kolayca karşılaşıyorum.
- Erkeklerle buluşmaktan keyif alıyorum.
- İnanılmaz dişi ve seksiyim.
- Harika bir mizah anlayışım var.
- Erkeklerle kolayca göz kontağı kuruyorum.
- Sevgi dolu ve çekiciyim.
- Erkeklerin yanında rahatım.
- Erkekler benimle konuşmaktan keyif alıyorlar.
- Erkeklerle buluşmak benim için her gün daha kolaylaşıyor.
- Erkeklerin yanında sakin ve rahatım.
- Başarılı erkekler sık sık bana yaklaşıyor.
- Aşk, sevgi ve mutluluğu hak ediyorum.
- Aşk, sevgi ve mutluluğu mıknatıs gibi kendime çekiyorum.

Şimdi utangaçlığın en çok baltaladığı konudan bahsedelim. İlişkilerden...

İlişkiler

Gençliğimizin ilk yıllarında hepimiz ilişkilere ne kadar masum, iyi niyetli ve büyük umutlarla başlamışızdır. Sonra ilişkilerin gerçekleriyle, aşk oyunlarıyla tanışır, çok sevdiklerimizin bizi o kadar sevmediğini görür, öte yandan pek de ilgilenmediklerimizin bize ne kadar âşık olabileceğini tecrübe ederiz. Ayrılıklar yaşayıp üzülür, hak etmiş olsak da terk edildiğimizde öfkeleniriz.

Aldığımız dersler başlarda daha çok belli kişilerle ilgilidir. Ancak, benzer örnekleri gördükçe olumsuz derslerimiz genele yansımaya başlar. Öfkemiz sorun yaşadıklarımızdan tüm karşı cinse kaymaya başlar. Yirmili yaşlarda benzer tecrübeleri yaşamış herkesin benzer söylemlerini duyarız.

"Erkekler domuzdur, amaçları sadece sekstir."
"Kadınlar yüzeyseldir, sadece paraya bakarlar."

Sadece genel söylemler değil, kişisel inançlar da devreye girer. Yaşadığımız olaylar bize iyi ya da kötü "karşı cinsin gözünde ne kadar çekici" olduğumuzu gösterir. Potansiyelimizi görür, kendimiz ve yapmamız gerekenler hakkında da inançlar oluştururuz.

"Yeterince karizmatik ve güçlü gözükmüyorum. Daha özgüvenli davranmalıyım."

"Yeterince eğlenceli değilim, biraz daha rahat olmalıyım."

"Yeterince güzel değilim. Kilo vermeden bana bakmayacaklar."

"İğrenç bir burnum var, bundan kurtulmadan hiçbir zaman güzel olamayacağım."

Evet, kendimiz, potansiyelimiz, karşı cins ve ilişki dünyasının kuralları hakkında algımızı ve hayat gerçeğimizi yaratan birçok inanç geliştiriyoruz.

Eğer istediğiniz ilişkiyi yaşayamıyorsanız, iyi bir analiz yaparak aslında nerede takıldığınızı bulmanız gerekiyor. Belki çok büyük bir potansiyeliniz var ama utangaç olduğunuz için kullanamıyorsunuz ya da yeterince sosyal değilsiniz, birileriyle tanışma şansınızın olduğu ortamlara girmiyorsunuz. Belki de, kendinize güvensiz gözüktüğünüzden karşı cinsi itiyor olabilirsiniz.

Aslında, ilişkiler meselesi başlı başına bir kitabın konusu olacak kadar uzun ve kapsamlı. Zaten bu konu üzerine piyasada yüzlerce farklı kitap da bulabilirsiniz. Hiç belli olmaz, birkaç sene sonra NeuroFormat® Sistemi'nin aşk ve ilişkilere uygulanmasının bulunduğu detaylı bir kitabı da raflarda görebilirsiniz. Ama biz yine de kapsamımızı dar tutalım ve ilişkiler konusunda bizi neyin engellediğini bulmaya çalışalım.

Engelleyeni bulmak

Sistemimiz en başından beri hep bizi neyin engellediğini bulup temizlemek üzerine. Bu yaklaşımın doğruluğunu teyit etmek için, aslında bekâr insanların neredeyse hepsinin bir şekilde ilişki istediğini ama öyle ya da böyle, bir nedenden dolayı, bunu yaşayamadıklarını görürsünüz. İlişki yaşamaya daha da fazla motive olmak onları çözüme ulaştırmayacaktır. Çünkü zaten dünyanın bir şekilde ilişkiler ve cinsellik çevresinde döndüğünü iyi kötü hepimiz biliyoruz. Zaten, hepimiz iyi bir ilişki yaşamaya bazen "gereğinden fazla" motiveyiz bile diyebiliriz.

Hepimiz, gayet yerinde bir motivasyonla başladığımız halde tümüyle elimizde olmayan nedenlerle ilişkiler konusunda başarısız olduğumuzda neler yaşayacağımızı biliyoruz.

"Patinaj", üzüntü, kendine güvensizlik, öfke ve demotivasyon!

Hatta ilginçtir hem ilişki konusunda hem de hayatın daha başka alanlarında istediğinize "oluruna bıraktığınız" zaman kavuştuğunuzu bile tecrübe etmişsinizdir.

Tüm bu anlattığım nedenlerden dolayı biz yine, kendimizi daha fazla motive etmekten ziyade, önümüzdeki engelleri temizlemeye çalışalım.

Kadınlar ve erkekler

Aslında her iki cinsin ilişkilerdeki rolü farklı. Bu konuda kesin doğrular ne yazık ki yok! Aşk, ilişkilerin en merkezindeki konu, yani insanın aslında doğası gereği tekeşli mi yoksa çokeşli mi olduğu konusu bile net sayılmaz.

Doğa ananın insan neslini korumak için kendine göre bir düzeni var, bu kesin. Burada her iki cinsin de farklı rolleri olduğu söylenebilir.

Buna göre, erkeklerin rolünün sperm yaymak ve mümkün olan en çok sayıda çocuğun doğmasını sağlamak, kadının rolününse yaşama ihtimali olabilecek en güçlü çocuğun doğmasına çalışmak olduğunu söyleyebiliriz.

İşte bu yüzden erkekler aşksız, sadece cinsellik için cinselliğe açıkken, bu genelde kadınların doğasına aykırı. Zira kadınlar "nitelik" erkekler "skor" peşinde ☺.

Tüm bunların ışığında, aslında erkek ve kadınların karşı cinsten beklentilerinin farklı olduğunu tüm toplumlarda gözlemleyebilirsiniz.

Erkekler ne ister?

Erkekler konuya daha çok görsel yaklaşıyor. Evet, erkeklerin de nitelik bazında "olmazsa olmazları" varsa da, bu şartları karşılayan en güzel kadını elde etmeye çalışıyorlar.

Ne yazık ki, biz erkeklerin kadınları değerlendirme şekli oldukça yüzeysel. Belli sosyo-ekonomik altyapısı, eğitimi, zekâsı, kültürü, karakteri olan kadınlar arasından fiziksel olarak en çekici bulduklarımızı tercih ediyoruz. İstisnalar olsa da maalesef erkeklerin geneli bu yönde.

Erkeklerin estetik zevkleri de kadınlardan oldukça farklı, hemcinsleriyle tutarlı. Mesela, 100 kadın ve 100 erkekten oluşan bir grupta, her iki gruba da en çekici buldukları kişileri sorarsanız, kadınlardan birçok farklı tercih gelecektir, birçok farklı erkek belli kadınlar tarafından "en çekici" olarak nitelendirilecektir.

Aynı soru erkeklere sorulduğu zaman, erkeklerin neredeyse tamamı 2-3 kadın üzerinde "anlaşma" sağlayacaktır. Evet, itiraf etmek gerekirse biz erkekler tercihlerimiz konusunda oldukça düz ve sıkıcıyız!

Sadece kendimizi sıkmakla kalmıyor, kadınları da tek tipleştirmek (muhtemelen sarışın ve uzun bacaklı ☺) adına elimizden gelen her şeyi yapıyoruz. Tabii ki istisnaları olsa da, ne yazık ki kadınların aile ve iş hayatını bir bakıma ne kadar "estetik" oldukları belirliyor. İşte bu yüzdendir ki, zaten ekonomiyi canlandıran en büyük güç, kadınların "güzel" görünme ihtiyacının çevresinde dönüyor.

Kadınlar ne ister?

Kadınlar da kendilerine ve çocuklarına bakabilecek en güçlü erkeği elde etmelerini söyleyen "hormonlarının" etkisindeler. İşte tam da bu yüzden, biz erkekler hayatlarımızın ilk dönemlerinde çok güzel kadınların yanlarındaki "kaba saba" ve bizlere göre "çirkin" adamları gördükçe bunun nedenini anlamakta zorlanırız. Sonra büyüdükçe bu olayı kanıksamaya başlar ve belki ilerleyen dönemlerde kadınların aslında bir yönüyle "güçlü" erkeklerin peşinde olduklarını keşfederiz.

Güç derken, fiziksel güçten değil, kadınlara "güçlülük" hissi veren özelliklerden bahsediyorum. Örnek mi?

Kendine güven, akıl, kültür, zekâ, eğitim, uzun boy, geniş omuz, kalın bir ses, para, kariyer, cesaret bu özelliklerden sadece bazıları.

Karizma kelimesini kullanmadım. Ama bakarsanız yukarıdaki özelliklerin bir araya gelmesi zaten "karizma"yı yaratıyor.

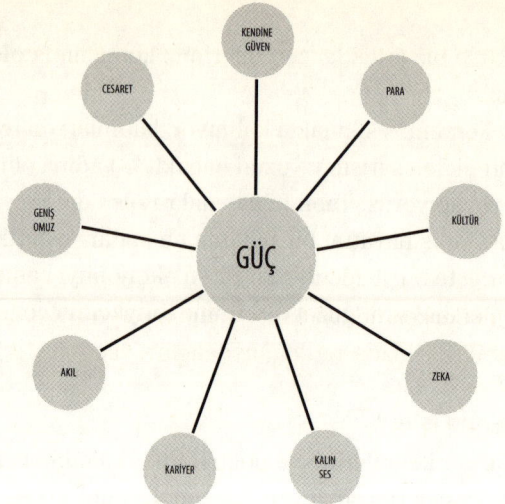

Bu arada bu özelliklerden akıl, zekâ, kültür gibi bazıları var ki, onlar doğru şekilde "güçlü" yanlarıyla kullanılmalı. Mesela, kadınlar zekice ve kendine güvenli bir şekilde espri yapan ve genelde komik duruma düşenlerden ziyade başkalarını "ti"ye alan erkekleri tercih ederler. İşte bu yüzden "sakarlığa" herkes güler, ama bu pek de çekici bir özellik sayılmaz.

Olası engeller

Tüm bunlardan neden mi bahsettik? Bizi mutlu eden bir ilişki yaşamamıza engel olan nedenleri bulmak için mevcut durumu özetlememiz gerekti de ondan.

Evet, aslında daha farklı ve ideal ilişkiler yaşansa da amacımız dünya düzenini biraz da olsa genel kurallara oturtmaktı. Umarım biraz da genellemeleri paylaşarak sizleri kırmamışımdır...

Bu arada yaş, cinsiyet, geçmiş gibi birçok özelliğimize göre hepimizin ilişkilerden farklı beklentileri var. Bazılarımız gönül eğlendirmek, bazılarımız evlenmek ve acil çocuk yapma peşindeyken diğerlerinin "adrenalin" peşinde olması gibi mesela...

Tabii ki amacım, ideal ilişkiyi tanımlamak ve size öğüt vermek değil. Şu an sadece sizin istediğiniz ilişkiyi engelleyenin ne olabileceğini sorgulamanızı ve kendi kendinize bulmanızı sağlamaya çalışıyorum.

Peki, sizin için ideal ilişkiyi yaşamanızı engelleyen ne olabilir?

İlişkilerde çıkabilecek sorunları 4 farklı alanda inceleyelim. Bunlar sırasıyla:

1- Çekicilik
2- Ulaşılabilirlik
3- Flört
4- İlişki

Çekicilik derken neden bahsettiğimiz zaten çok bariz.

Ulaşılabilirlik bizim ne kadar deneme yapabildiğimizle ilgili. Eğer erkeksek, içinde yaşadığımız topluma göre abartmamak kaydıyla istediğimiz kadar deneme yapabiliriz. Kadınlarınsa geleneksel rolleri pasif bir şekilde beklemek şeklinde çizili.

Flört, kontak kurulduktan sonra kendimizi nasıl gösterdiğimiz ve iletişimi bir ilişkiye çevirip çeviremediğimizle ilgili.

İlişki bölümüyse, flört, nişanlılık ve evlilik dahil ilişki süresince ortaya çıkabilecek tüm sorunları kapsıyor.

Şimdi ilişkinin bu 4 farklı evresinde çıkabilecek sorunları ve onları NeuroFormat® Sistemi'yle nasıl çözebileceğimizi görelim. **181**

"Beni kimse beğenmiyor!"

Aslında NeuroFormat® Sistemi erkeklerin çekiciliğini arttırmak için biçilmiş kaftan! Çünkü bizlerin çekiciliğini sağlayan görüntü dışında birçok özellik var.

Kadınların işleri ise biraz daha zor. Fakat tekniklerimiz elbette kadınlarda da işe yarayacak, kişisel karizmayı artıracaktır.

Özellikle kendine güven, tekniklerimizle oldukça hızlı bir şekilde iyileşme sağlayacağımız konuların başında geliyor. Bunun için yapmanız gereken "Kendimizle Barışmak" bölümünde pratik yaparak, tüm özelliklerimizle barışmak. Bu arada, "Utangaçlık" bölümünde kullanmanızı önerdiğim şekilde "kendinizi neden çok sevdiğinizi" anlatan olumlamaları kaydedip dinleyerek "gücünüze güç katın".

"Ruh eşim nerede?"

Toplumumuzda erkeklere verilen rolden dolayı işimiz kolay gibi gözükse de, tabularımızdan ve yaptığımız gereksiz gururdan dolayı çoğumuz yeterince denemiyoruz. Aslında reddedilme, küçük düşürülme, başkalarına rezil olma korkuları içinde biz erkekler "eski cahil cesaretimizi" kaybettik. Evet, sokakta laf atmalar erkeklerin belli bir bölümü tarafından hâlâ uygulansa da bunların ne kadar "etkili" olduğu zaten ortada!

Reddedilme korkusunu temizleyebilseniz, ilişki konusunda hayatınızda nasıl bir değişiklik yaşanırdı?

Ciddi değişiklikler olurdu diye düşünüyorum...

"Utangaçlık" bölümünde, özellikle "Eyleme geçme" alt başlığındaki uygulamaları yaparak, mümkün olduğu kadar birisiyle tanışmak üzereyken hissettiğiniz kaygıları temizleyin. Nerede, hangi ortamda tanışmak istediğiniz önemli değil. Bunu yaptığınız her yerde, kaygılarınızı temizleyerek bir "sosyal canavara" dönüşebilirsiniz ☺.

Ya kadınlar?

Sevgili hanımlar sizlerin en büyük sorunu tabularınız... Beyninizin küçüklükten beri ilişkiler konusunda yıkanması... Yetişkinlik çağlarını yaşayan kadın okurlarım, zaten bu bilgilerden önemli bir bölümünün aslında yanlış olduğunu biliyorlardır.

Eğer ilişkiler konusunda ailenizden size miras tabular kaldıysa bunları "meli-malı" ile temizleyin. Çoğu zaman bu tabular sizleri sosyal hayattan kopararak yarardan çok zarara neden oluyor.

Tüm bunların yanında karşı cinsle rahat olabilmek, onlarla rahat bir şekilde tanışıp kaynaşabilmek için en önemli şartlardan biri de, onlara karşı olan "kızgınlığın" temizlenmesi.

Karşı cinse neden öfkelisiniz? Nedenleri birer birer yazın ve "Öfke Temizliği" bölümünde olduğu gibi bu nedenlerden dolayı hissettiğiniz duyguları birer birer temizleyin.

Unutmayın ki, bilinçaltınız öfke duyduğunuz kişi ve durumlardan sizi uzak tutacaktır. Öfkeniz temizlenmediği sürece, karşı cinsin yanında tam olarak "rahat" davranamazsınız.

"Aşk bir oyun mu?"

Aşk, hayal ettiğin ve sonra "hayal ettiklerin" elinden alındığında hissettiğin duyguların toplamıdır...

Aslında aşk gerçekten de, elde etmeyi istediğimiz kişiyi hiçbir şekilde elde edemediğimizde hissettiğimiz bir duygu. İşte tam da bu yüzden karşılıklı gizemin ortadan kalktığı, çiftlerin birbirini garanti altına aldığı evlilik ortamında, aşk da yerini sevgiye bırakıyor.

Karşınızdakileri size âşık etmenin birçok yolu var. Genelde gizemli olmak, sevgi gösterirken bir o kadar da dengesiz ve tahmin edilemez olmak gibi "manipülatif" özellikler bunlar. Ne yazık ki çok az ilişkide koşulsuz sevgi, karşılık bularak mükemmel bir ilişkiye dönüşebiliyor. İnsanlar karşıdakinin iyi niyetini ve fedakârlıklarını belli bir süre sonra "cepte" görmeye başlayarak heyecanlarını yitirebiliyorlar. Hatta çoğu zaman, ilişki dengesi "kaybetmeye hazır" olan lehine değişmeye başlıyor.

Umarım siz hayatınızda, koşulsuz sevgi ve aşkı yaşadığınız ideal ve "ütopik" ilişkiyi bulur ve sürdürürsünüz.

Ama aşk oyununu iyi oynayabilmek içinde en büyük şart, "kaybetme korkusundan" arınmak! Gördüğünüz gibi aşkta da temel silahımız korkuyu yok etmek. Korkulardan, kaygılardan nasıl arınabileceğinizi ise artık biliyorsunuz.

Strateji size kalmış, ancak doğru stratejiyi uygulamakta korkularınızdan dolayı zorluk çekiyorsanız, onlardan arınmak mümkün...

"Çok düzeyli bir ilişkimiz var..."

Bu bölümde, "yakınlıkların" artık "ilişkiye" döndüğü, olayın "adının" konduğu ilişki, nişanlılık ve evlilik gibi dönemlerde yaşayabileceğimiz sorunların "formatlanmasını" ele alalım.

Tabii hepimiz hayatımız boyunca birçok farklı ilişki yaşıyoruz ve bu bölümde ortaya çıkabilecek sorunların "haddi hesabı" yok. Peki, yaşadığımız ortak durumlar, sorunlar nedir?

Evet, sizi duyar gibiyim, mutlaka hepinizin aklına aldatılma konusu gelmiştir.

Aldatılma

Genelde daha çok kadınların maruz kaldığı bir şey gibi görünen bu durum karşısında ne yapacağınız konusunda tavsiye vermek, benim haddim ve bu kitabın da konusu değil. Her ilişkinin farklı dinamiği, her hayatın farklı öncelikleri var.

Böyle bir durumla karşılaşırsanız önünüzde iki yol var demektir: Devam etmek ya da ayrılmak.

Her ne kadar böylesine tamamen kişileri ilgilendiren bir konuda tavsiye vermek istemesem de şunu söylemek isterim. Lütfen bir karar almadan önce etraflıca düşünün. Sırf karşıya acı çektirmek, ders vermek için, her iki taraf ve özellikle de kendiniz için kötü olacak, hayatınızı mahvedecek bir şey yapmayın. "Öfkeyle kalkan zararla oturur" lafı böyle durumlarda sık sık akla gelmesi gereken bir atasözüdür kanımca...

İlişkideki mevcut dinamikleri, dengeleri, daha sonra gerçekleşebilecek olayları tartıp karar vermekte yarar var. Evet, aldatılmayla ilgili olarak başlı başına bir kitabın konusunu oluşturacak kadar malzeme mevcut. Ama biz kısa kısa gidelim.

Kararınızdan bağımsız olarak, ilk yapmanız gereken aldatılmayı ilk fark ettiğiniz ana odaklanmak ve daha sonra sizi çok üzen belli başlı üzücü anları Hikâye Tekniğiyle tamamıyla formatlamak. Böyle bir şokun sağlığınıza dahi büyük olumsuz etkileri olabilir. Bu açıdan, böyle bir olay yaşanır yaşanmaz formatlanmalıdır.

Eğer ayrılmayı seçerseniz, özellikle de ayrıldığınız kişiye karşı bir "duygu bağımlılığı" yaşıyor olacağınız muhakkak. Bu yüzden sonraki sayfalarda paylaşacağım "aşk acısını formatlamak" isimli uygulamayı tekrar edin.

Eğer hayatınıza devam etmek istiyorsanız, gerçekten devam etmelisiniz. Böyle bir durumda, karşıya hissedeceğiniz öfke hem sizi, hem de ilişkiyi "yiyip bitirebilir". Bu açıdan, tabii bazı yaptırım kararları alsanız da, bu konudaki duygusal birikimi tamamıyla temizlemelisiniz. Kararlarınızı mantıklı bir kontrol içinde alın. Bunun için özellikle size, sağlığınıza, mutluluğunuza, hayatınıza zarar verecek, içinize sindiremediğiniz bir öfkeye ihtiyacınız yok.

Öfke temizleme bölümüne geri dönersek, özellikle Hikâye Tekniğini kullanarak, öğrendiğiniz anı, şoku ve öfkeyi "formatlayın". Öfke bölümünü tekrar okuyarak, hem olay anlarını hem de olayın gerçekleştiği şartları ve size yaşattığı şeyleri birer birer düşünerek, bu öfkeyi temizleyin.

Evet, ona acı çektirmek, ders vermek de istiyor olabilirsiniz.

Ancak, bu öfkenin ne yazık ki özellikle de size hiçbir yararı olmayacaktır! Benden söylemesi.

Aşk acısını formatlamak

Aşk acısını formatlamanın birçok yolu var. Şimdi NeuroFormat® sistemini kullanarak, aşk acısını nasıl temizleyeceğimizi basitçe görelim.

Aşk acısını temizlemenin en önemli kuralı, ayrılmış olmakla, onun sizi sevmemesiyle, başkasını tercih etmesiyle, belki başkasıyla evlenip çocuk yapacak olmasıyla, onu bir daha göremeyecek, ona sarılamayacak ve onunla beraber yaptığınız hiçbir şeyi artık yapmayacak olmakla yaşayacağınız üzüntüyü tüm göz pozisyonlarında temizlemek. Bunu özellikle de kötü hissettiğiniz anlarda uygulayın... O an hissettiğiniz tüm duyguları, neden hissettiğinizin farkına varın, tüm göz pozisyonlarında NeuroFormat® vuruşlarını tekrar edin. Size acı veren tüm yaşanmış ve yaşanması olası durumları gözden geçirin.

Gerektiği yerlerde "kilitleri" açma çalışması yapmayı da ihmal etmeyin.

Her aşk biriciktir ve her aşkın acısı da, acının kaynağı ve şiddeti açısından biricik olmalı diye düşünüyorum. Bu yüzden siz kendi özel acınızın kaynağına inmeli, bu kaynağı kıyı bucak temizlemelisiniz.

Acılı bir süreç olduğunu kabul ediyorum. Ama sonuçlar muazzam olacaktır.

"Şiddetli geçimsizlik"

Boşanmaların yüzde doksanı bu gerekçeyle gerçekleşir değil mi? Ama bu "şiddetli geçimsizlik" tanımı, altında kimi zaman bir buzdağı saklar.

Evet, hâlâ ülkemizde özellikle kadınlarımız zorla evlendiriliyor. Hâlâ şiddet mağduru pek çok kadın var. Ama böyle olmayan durumlarda dahi ne yazık ki bir yastıkta kocamak üzere başlanan tüm yolculuklar beklendiği gibi devam etmeyebiliyor.

Bunun en büyük nedeni, yolda beklemediğimiz birçok durumla karşılaşmamız. Zaten iyi niyet ve büyük hayallerle başladığımız için, beklemediğimiz kötü durumlar bizi üzmekle kalmayıp, daha önemlisi "şiddetli bir öfke birikimine" sebep oluyorlar.

İşin kötü yanı, bu öfkeyle biz de karşıya tepki vermeye başlıyoruz. Çoğu zaman bu tepkilerin aslında onun davranışına bir tepki olduğunu anlamayan karşı taraf da bize farklı bir "tepki" koymaya başlıyor ve kendimizi bir anda ilişkimizi yiyip bitiren bir "kısırdöngü canavarı" içinde bulmaya başlıyoruz.

Etki tepki - Kısırdöngü

Peki, ne yapmalıyız?

Cevabı çok basit! Daha önce yaptığınız gibi birikmiş kızgınlığınızı, öfkenizi tüm nedenleriyle temizleyin. İnanın ki, evliliğiniz kurtulacaktır.

Peki, ya bu temizliği tek taraflı yapmak istemiyorsak? Evet, haklısınız zor bir karar, ama kısırdöngünün oluşmasında sizin de payınız var. Tek bir tarafın düzelmesi bile kısırdöngüyü bir anlamda ortadan kaldıracak; en azından belli kilitler çözülecektir. Kabul ediyorum, siz temizlik operasyonuna başladınız diye karşı taraf bir anda değişmeyecek ama inanın evinize yepyeni bir huzur ve yepyeni bir hava gelecektir.

Öfke duymanın en çok size zarar verdiğini, en çok sizi mutsuz ettiğini, hayatınızı mahvettiğini tekrar etmek istemiyorum ama inanın ki bu böyle...

Para ve kariyer

Geldik işin "duygusal" tarafına ☺. Hepimiz için çok önemli bir konu da para ve kariyer... Hatta neredeyse hayatımızı para kazanmak etrafında kurguluyoruz, başka bütün her şeyi para ve kariyer rotamızın etrafında şekillendiriyoruz.

Peki, NeuroFormat® Sistemini kullanarak bu konuda neler yapabiliriz?

Aslında önem teşkil eden her konuda olduğu gibi, para ve kariyer alanında yapabileceklerimiz de sınırsız. Şimdi olası uygulamaları görelim.

Doğru iş?

İş hayatında başarı aslında çalıştığımız işin, mesleğimizin, kariyer alanımızın bizim için ne kadar doğru bir seçim olduğuyla çok ilgili. Peki, doğru olduğunu nasıl anlayacağız?

Doğru bir işte çalışıp çalışmadığınızı anlamak için 3 kriter düşünün. Şu an yaptığınız meslek bu 3 kriteri de karşılamalı.

1- En çok sevdiğimiz
2- En iyisi olduğumuz
3- En çok para kazandığımız

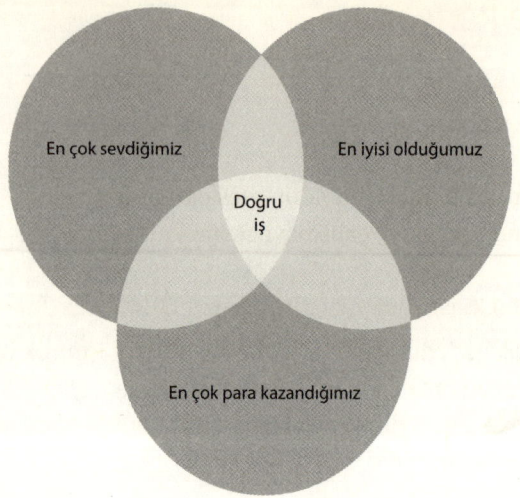

En çok sevdiğimiz

En iyisi olduğumuz

Doğru
iş

En çok para kazandığımız

Açıkça söylemek gerekirse, bunların arasından benim olmazsa olmaz dediğim en önemli kriter, yaptığınız işi sevmek.

Özellikle ülkemizde, çocuklarımızı isteklerinden bağımsız olarak "standart" yollara sokmak gibi bir eğilimimiz var. Tabii istisnaları olmakla beraber, matematik ve fen bilimlerinde başarılı olan erkekler mühendislik, çok başarılı olmayanlar diğer dallarına kayıyorlar. Kızlar bu konuda biraz daha şanslı olsa da, onlar da çoğu zaman istediklerinden ziyade mecbur olduklarını hissettikleri alanları tercih ediyor.

Aslında hepimiz başka bir hata daha yapıyoruz. Kararımızı mezun olduktan sonra nasıl bir hayat yaşayacağımızdan ziyade, sadece o dala ilgi duyup duymadığımız üzerinden veriyoruz. Evet, seçtiğimiz dalı seviyor olmamız tabii ki çok önemli, ama eksik. Peki, o mesleğin hayatı bizim için uygun mu? Mesela, fizikten çok keyif aldığınız için, inşaat mühendisliğini seçiyor olabilirsiniz. Ama şantiyelerde çalışmaktan hiç hoşlanmayacaksanız işiniz zor.

Eğer güzel ve mutlu bir hayat yaşamak istiyorsanız, sabah kalkarken içinizden "lanet okumadığınız", pazartesi sendromu yaşamadığınız bir iş seçin. Çevrenizdekilere bakıp, kimsenin işini sevmediğini, herkesin bir şekilde çalışmak zorunda olduğunu, sizin de buna mecbur olduğunuzu düşünüyor olabilirsiniz. Herkesin, büyük bir toplum baskısı ve aslında çoğu zaman "yersiz" kaygılarla istemedikleri hayatlar yaşıyor olması, sizin de onlar gibi yaşamanızı gerektirmez.

Eğer sevdiğiniz bir işi yapıyorsanız, uzun vadede başarılı olmanız zaten kaçınılmaz. Tabii bu meslekten mesleğe değişse de, konu üzerinde "zevkle" çalışmayı sevmek; uzun vadede başarıyı getiriyor.

Evet, tabii ki istisnalar var. Boyunuz 1.50, yaşınız 30 ve hayatınızda basket topunu elinize bile almadıysanız, basketbol oynayarak para kazanmayı pek ummayın derim ☺. Seçiminizi iyi olduğunuz, yeteneğinizin bulunduğu alanlarda yapmanız mutluluğunuz açısından oldukça önemli.

Bu arada yetenekli olmakla o dalı sevmek de zaten birbiriyle ilişkili durumlar. Hepimiz yeteneğimiz olmayan, anlamadığımız konulardan ziyade başarılı olduklarımızı sevmeye eğilimliyiz. Zira hiçbirimiz pek bir şey anlamadığımız, kendimizi kötü hissettiğimiz konuların üzerine gitmeyi tercih etmiyoruz.

189

Peki ya çok para
kazanmak meselesi?

Günümüz dünyasında sevmek ve yetenekli olmak yetmiyor. O işin para kazandırma potansiyelinin olup olmadığının değerlendirilmesi de gerekiyor.

Hep şunu söylerim, "Çocuk yapmak kapitalizmle yapılan geri dönülmez son anlaşmadır". Tabii ki hayatımızın hangi döneminde olduğumuza göre önceliklerimiz farklı. Ancak eğer gerçekten bakmakla, iyi eğitim almalarından ve iyi hayat yaşamalarından sorumlu olduğunuz birileri varsa, ne kadar para kazandığınız öncelikli hale gelecektir.

Bu işin tek bir doğrusu ya da "maksimum"u yok. Herkesin kendine göre "optimum"u bir başka deyişle "en uygunu" bulması gerekiyor.

Eğer seçiminizi çoktan yaptıysanız, değiştirmek yerine bu 3 kriterde nasıl daha iyi olacağımızı görelim. Nasıl işimizi daha fazla seveceğimizi, nasıl daha iyi olacağımızı ve daha çok para kazanacağımızı irdeleyelim.

NeuroFormat® ile işimizi sevmek

Eğer istemeden de olsa çalışmak zorunda olduğunuz ve sevmediğiniz bir işiniz varsa "doğru yerdesiniz". İş olarak değil tabii ki, değiştirmek için ☺.

Bunu yapabilmek için, işinizi hangi nedenlerden dolayı sevmediğinizin detaylı bir analizini yapmalısınız. Bu aslında çok da zor olmasa gerek. Zaten, büyük ihtimalle uzun yıllardır her gün bu konularla ilgili şikâyet ediyorsunuzdur...

Sevmediğiniz insanları, durumları, gitmek zorunda olduğunuz yerleri, yapmak zorunda olduğunuz küçük görevleri, aklınıza gelen her şeyi, ama en önemlisi neden sevmediğinizi belirterek OLUMSUZ bir ifade oluşturun. Bulduğunuz OLUMSUZ ifadeleri, tüm göz noktalarını tarayarak birer birer etkisiz hale getirin.

"Patronumdan bana sürekli kızdığı, yapabileceğimden çok daha fazla iş yüklediği için nefret ediyorum."

"Bu iş yerinden, çok gürültülü ve gergin olduğundan dolayı nefret ediyorum."

Kabul ediyorum, temizlik işiniz çok kısa sürmeyebilir. Ancak, gerçekten fazla alternatifiniz yoksa yapmaya değer bence.

NeuroFormat® ile işimizi iyi yapmak

Ne tür bir işte çalıştığınızı "haliyle" bilmiyorum. Ancak, başarılı olmanızın aslında tek bir formülü var. İşinizle ahenkli olmanız. Yaptığınız iş ne olursa olsun, daha iyi olmanız için bilinçaltınızı karşınıza değil, arkanıza almanız gerekiyor.

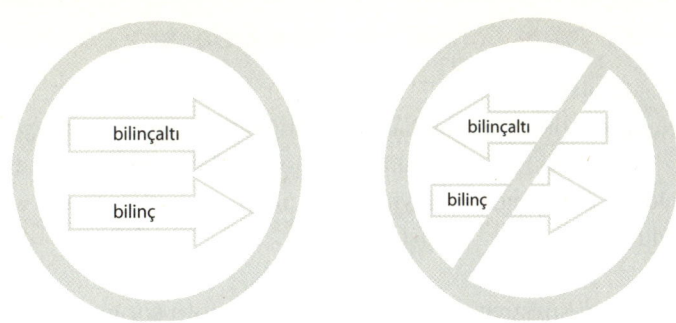

Bunu gerçekleştirebilmek için yapacağımız oldukça basit. İşiniz için yapmanız gereken eylemlerde herhangi bir kaygı, korku yaşıyor musunuz?

12 Temel İhtiyacı düşünerek sorulara cevap verin. Mesela, telefonda satış yaparken çekinmenizi sağlayan bir endişe var mı?

Tanımadığınız insanları arayarak rahatsız etmeniz, sizi rahatsız edici bulmaları, tanıdıklarınızı aradığınızda çıkarcı olduğunuzu düşünmeleri ihtimali...

İşiniz her neyse, küçük küçük görevleriniz olmalı. Zorlandıklarınızı ve daha iyi yapmanız gereken küçük görevleri düşünün, onlarla ilgili kaygılarınızı (kaygı bölümünde olduğu gibi) temizleyin. Gerçekleştirdiğiniz işlerle ilgili kaygıları bilinçaltı seviyesinde temizlerseniz, yaptığınız işleri çok daha doğal ve otomatik şekilde yaparsınız. Bilinçaltınız korkularından dolayı sizi sabote etmeyi bıraktığı zaman, kalıcı başarıya ulaşırsınız.

191

Utangaçlığı temizlemek

Eğer kariyerinizde başarı arıyorsanız tabiri caizse "yırtık" olmalısınız! Ne yazık ki, başarı isteyerek, onun peşinden koşarak geliyor. Başarıyı istesek bile eğer utangaçsak, bizim başarıyı yaratmamızdan daha çok, bize gelen kısıtlı fırsatları değerlendirmek zorunda kalıyoruz. İşte bu yüzden, utangaçlık ilişkilerde olduğu gibi, kariyerimiz önünde de en büyük engel.

Bu konuda utangaçlıkla ilgili bölümü tekrar okuyarak, özellikle eyleme geçme korkusunun temizlendiği uygulamaları yapmanız sadece mevcut işinizde değil, bütün hayatınızda başarılı bir kariyere sahip olmanızı sağlayacaktır.

NeuroFormat® ile daha fazla para

Ve son olarak gelelim PARA'ya!... Eğer doğru bir sektörde, tüm doğru hareketleri yaparak hâlâ hak ettiğiniz parayı kazanamıyorsanız bilinçaltınızın bu konuda sizi bloke ediyor olması olasıdır. Bu blokajı aşabilmek için, yine bilinçaltınızın para kazanma konusundaki kaygılarını temizleyeceğiz.

12 Temel Korkuyu hatırlayın ve iki temel soru sorun:

"Para kazanma sürecine girmek hangi temel korkuları yaratıyor?"

"Para kazanırsanız hangi temel korkular tetiklenir?"

İlk sorudaki para kazanmanız için yapmanız gereken eylemi neden tüm gücünüzle, tüm inancınızla, tüm benliğinizle gerçekleştirmiyorsunuz? Hangi 12 Temel İhtiyaçtan biri tetikleniyor olabilir?

Mesela, "karpuz" sektöründe çok büyük para olduğunu fark ettiniz. Neden karpuz satmıyorsunuz?

Kısaca 12 Temel Korkuyu tarayın... Karpuz satarsanız belki de üniversite mezunu olarak bu işi yapıyor olmak hem kendinizin hem de başkalarının gözünde sizi başarısız hissettirecek olabilir. İşte, eğer karpuz satma işine girmeniz gerekiyor ve bu konuyla ilgili içinizdeki "çekinceleri" temizlemeniz gerekiyorsa, onların ne olabileceğini 12 Temel Korkuyu düşünerek bulun ve NeuroFormat® tekniğiyle tüm göz pozisyonlarını temizleyin.

Kaygılarınızı nasıl temizleyeceğinizi çok iyi biliyorsunuz...

Peki ya para kazanırsanız?

Yine aynı şekilde, para kazanmak konusunda kendinizi baltalıyor olabilirsiniz. Belki kötü bir insan olduğunuzu, bunu hak etmediğinizi ya da para kazanırsanız insanların sizden borç isteyeceğini ve onlarla aranızın bozulacağını (babanız böyle bir olay yaşamış olabilir) düşünüyor olabilirsiniz. Belki de para kazanırsanız insanların sizi paranız için seveceğini ve gerçek sevgiyi kaybedeceğinizi ya da sorumluluklarınızın artacağını düşünüyor olabilirsiniz.

Bu korkular her neyse, gerçekten sonuca ulaşmak için bu blokajları kaldırmalısınız. Unutmayın, daha fazla motive olmanız yetmez, zira beynimizin önceliği bizi korumak...

Şimdi bazılarımızı daha çok ilgilendiren iki çok önemli soruna geçelim:

SİGARA ve KİLO...

Sigarayı bırakmak

NeuroFormat® sisteminin en etkili olduğu konulardan biri de aslında sigara bağımlılığı meselesi. Belki inanmak istemeyebilirsiniz, ancak genelde bir saatlik tek bir çalışmayla sigarayı zahmetsiz bir şekilde bıraktırdığım onlarca danışanım oldu.

NeuroFormat® Tekniğiyle bunu nasıl başaracağınızı görelim. Bu uygulamayı yaparken en az 2-3 saattir sigara içmediğinizden emin olun.

Sigara içtiğiniz ortamlar

İlk olarak canınızın en çok sigara içmek istediği zamanların listesini yapın. Mesela, sabah kalkınca, iş yerinde öğle yemeği sonrası, bilgisayar başında, evde TV seyrederken...

Şimdi gözünüzü kapatın, elinize yakılmamış bir sigara alın ve gerçekten listenizdeki ilk durumda olduğunuzu düşünün. Mesela, o an yeni uyanmışsınız, hemen bir şeyler atıştırdınız ve canınız sigara istedi; kendinizi bu durumda tam sigarayı yakacakken hayal edin. Ama kendinize dışarıdan bakmayacak, Hikâye Tekniğinde olduğu gibi kendi bedeninizde olduğunuzu hissedeceksiniz.

Uygulamayı yaparken NeuroFormat® duruşunda olmanıza gerek yok. Asıl hedefiniz doğru göz pozisyonlarını yakalayıp temizlemek olmalı.

Elinizde sigara, ara sıra onu burnunuza götürerek sigara içme isteğinizi tetikleyebilirsiniz. Gözleriniz kapalı bir şekilde, tam sigarayı istediğiniz anı yaşayarak, tarama yapın. Hangi göz pozisyonlarında sigara içme isteğiniz artıyorsa orada durup o duyguyu temizlemelisiniz.

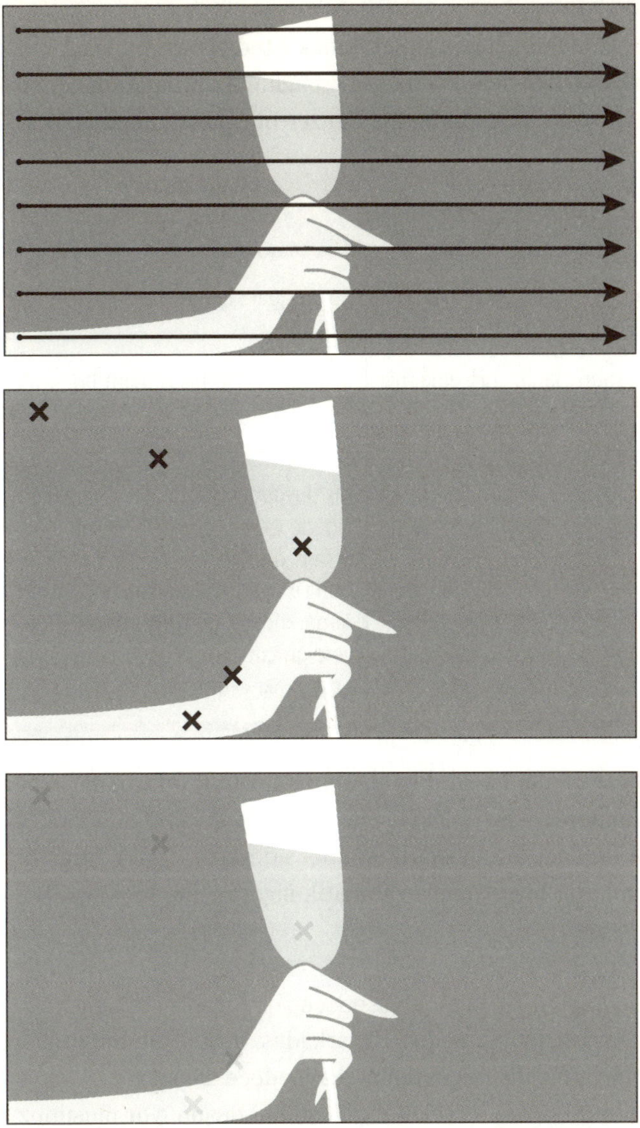

İçkinin yanında tetiklenen sigara isteğimizin temizlenmesi.

Bu şekilde tüm göz pozisyonlarını tarayarak, her noktada hissettiğiniz duyguyu temizleyin.

Kilidi açmak

Beynin bilinçli olarak bırakmak istediği ama bilinçaltının zevk almak istediği sigara ve benzeri bağımlılıklarda kilidi açmak çok önemli olabilir. Aşağıdakine benzer bir cümleyi kullanarak kilidi açabilirsiniz.

Örnek kilit ifadesi	
Duyguyu hissetme nedenlerimiz	Şu an sigara içmek istediğim için
Duygunun tarifi, hissettiğimiz yer(ler)	.... 'da hissettiğim bu sıcak (soğuk) duyguya rağmen...
Buna rağmen kendimizi sevmek ve duyguyu serbest bırakmak	bu duygudan kurtulmak istemesem de, sigara içerek bu keyfi yaşamak istiyor olsam da kendimi çok seviyorum. Ama buna ihtiyacım olmadığı için, sigara sağlığıma, mutluluğuma, tüm hayatıma zarar verdiği için bu duyguyu tamamıyla serbest bırakıyorum.

Sigara içme isteği duyduğunuz tüm farklı durumlar için aynı uygulamayı tekrar edeceksiniz. Sabah kahvaltıdan sonra, yemeğin ardından, arkadaşlarla sohbet ederken... Birer birer benzer durumlarda hissettiğiniz otomatik sigara içme tepkinizi temizleyeceksiniz.

Sigarayı bıraktığınızda hissedeceğiniz kayıpları temizlemek

Sigara sizin için nedir? Bir arkadaş, dost? Onu bıraktığınız zaman hayatınızda gerçekten ne kaybedeceksiniz?

Mesela, sigara içerek sosyalleştiğini düşünüyor musunuz?

Hayatınızda olmazsa, onu bırakırsanız elinizi kolunuzu koyacak bir yer bulamayacağınızdan korkuyor musunuz? İmajınızı, karizmanızı kaybediyor olabilir misiniz?

Hayatınızdaki sizi en çok rahatlatan unsuru kaybediyor olabilir misiniz?

Özellikle daha önceki denemelerinizden dolayı bırakma semptomlarından, yaşayabileceklerinizden korkuyor olabilir misiniz? Benzer türde herhangi bir kayıp hissedecekseniz, OLUMSUZ ifadeyi yaratarak bu kaygıyı nasıl temizleyeceğinizi biliyorsunuz... Kaygı temizleme bölümüne tekrar göz atmanız gerekebilir.

Geri kalanı temizlemek

Bu yapacağımız çalışma, temizlik çalışmamızın çok önemli bir bölümünü hallediyor olacak. Ancak, özellikle ilk 3 gün, konunun kimyasal yönü de göz önüne alındığında, bazı zor anlar yaşayabilirsiniz. İşte böyle zor anlarda tek yapmanız gereken, NeuroFormat® vuruşları yapmak...

Sigara içme isteğini hissettiğiniz an farkına varın. Bu duyguyu nerenizde hissediyorsunuz? Önce sadece özel noktanıza vurarak bu duygunun temizlenmesini bekleyin. Eğer duygu azalmıyorsa, kilidi biraz önce paylaştığım cümleyi kullanarak açtıktan sonra, tekrar özel noktayla bu duyguyu temizleyin.

Evet, ilk günler bu uygulamayı tekrarlamanız gerekebilir. Böylece hâlâ içinizde kalan temizlenmemiş duygular dışarı çıkacak, siz benzer yöntemle tüm bu duyguları temizleyeceksiniz. **197**

Belli bir süre (maksimum 2-3 gün) içerisinde normale göre çok daha düşük istek anlarını birer birer temizledikten sonra, onlar da yok olacak, siz de sigarayı tamamıyla bırakmış olacaksınız.

Sağlıklı bir hayat geçirmeniz dileğiyle...

Kilo

NeuroFormat® sisteminin başarıyla uygulandığı konulardan biri de kilo sorunları. Tabii öncelikle neden kilo aldığımızı bilmek koşuluyla ☺...

İlk sorum şu: Kilonuzu hak ediyor musunuz? Durun durun, "Bu da ne demek şimdi?" demeyin. Kafanız karışmasın. Şöyle sorayım isterseniz: Kilo sorunu olacak kadar yiyor musunuz?

Eğer cevabınız "evet"se, iştahınızın azaltılması sorununuzu çözecektir.

Ancak, fazla yemiyor ve hâlâ kilo veremiyorsanız işimiz biraz daha zor. İşte o zaman beyninizin neden kilolu olmayı seçtiğini bulup nedenleri temizlemek gerekiyor.

Biz ilk olarak kolay olanla ilgilenelim...

Kilomu hak ediyorum!

Demek cevabınız bu. Öyleyse size iyi haberi vereyim. Neuro-Format® sistemiyle birkaç saatlik bir uygulamayla iştahınızı kalıcı olarak azaltabilirsiniz.

Atıştırmaların durdurulması

Eğer "kilonuzun hakkını veriyorsanız" yani kilolu olmayı "hak ediyorsanız" muhtemelen yemeniz gereken zamanlar dışında da bol bol atıştırıyorsunuz demektir. Bunları azaltabilmek için yapmamız gereken ilk şey, hangi yer ve zamanlarda bu atıştırmaları en çok yaptığınızı bulmak. Sigara uygulamasında olduğu gibi aynı şekilde, günün hangi saatlerinde bir şeyler atıştırdığınızı listeleyin. Öğleyin işyerinde, akşam bilgisayar karşısında, televizyon seyrederken, yatmadan önce, gece uyanıp...

Sigara bırakma uygulamasında olduğu gibi, gözlerinizi kapatın ve kendinizi tam bir şeyler atıştırmak üzere olduğunuz durumda hayal edin. Daha önce olduğu gibi, bedeninizde olacak, kendinizi dışarıdan görmeyeceksiniz. Yemek istediğiniz, canınızın çektiği yiyeceği düşünerek (atıştırmaları genelde hangi yiyecekle yapıyorsanız) gözlerinizle tarayın. Hangi göz noktalarında atıştırma isteğinin daha fazla olduğunu bulup, özel noktanızı kullanarak temizleyeceksiniz.

İştah temizlenmesi sırasında, sigara bırakılması işleminde olduğu gibi kilidiniz kapalı olabilir. Zira beyniniz bu duyguyu temizlemekten ziyade, o doyumu yaşamaya odaklı olacaktır. Eğer özel

noktanıza vurmanıza rağmen duygu azalmıyorsa yine kilidi aşağı-
dakine benzer bir ifadeyi kullanarak açın. Çikolata benzeri bir şey
yeme isteğini temizlediğinizi farz edelim.

> "Şu an bu çikolatayı yemek istediğim için, ağzımda
> hissettiğim bu sıcak yeme isteğine, ağzım sulanmasına
> rağmen, bu duygudan kurtulmak istemesem de, çikolatanın
> tadını ağzımda hissederek keyfi yaşamak istiyor olsam da,
> buna ihtiyacım olmadığı için, sağlığıma, mutluluğuma, tüm
> hayatıma zarar verdiği için ağzımda hissettiğim bu sıcak
> duyguyu tamamıyla serbest bırakıyorum."

Tabii ki yapmanız gereken, yukarıda verdiğim ifadeyi üzerinde
çalıştığınız yeme isteğine göre uyarlamak.

Daha sonra özel noktanıza geçerek bu duyguyu temizleyin. Ki-
lidi açma kurallarımız hâlâ geçerli... Gerekiyorsa "avazınız çıktığı
kadar" bağırın.

Bu arada başlarda bu duygu zor temizlense de uygulama yap-
tıkça bulduğunuz göz pozisyonları kilit açma ihtiyacı olmadan te-
mizlenecektir. Bir başka deyişle, temizleme işlemi sonlara doğru
çok daha hızlı gerçekleşiyor.

Uygulama oldukça basit, atıştırma yaptığınız tüm zamanları
mümkün olduğu kadar "formatlayın". Ayrıca bazen aynı anda ye-
me isteği hissettiğiniz farklı besinleri de temizlemeniz gerekebilir.
Mesela, akşam tatlı yeme ihtiyacınızı temizlemiş ve bu duyguyu

artık yaşamıyor olabilirsiniz. Bu sefer kendinizi tuzlu yerken bulabilirsiniz. Evet, ihtiyacınız tatlıda olduğu kadar güçlü olmaz. Ancak, amacınıza ulaşmanız için aynı uygulamayı tuzlular için de yapmak gerekebilir.

Uygulama sırasında mümkün olduğu kadar iştahınızı körüklemeye çalışın. Gerekirse göz taraması sırasında, yemeyi sevdiğiniz yiyeceği koklamanız ve hatta tatmanız etkiyi arttıracaktır.

Her zamanki gibi, uygulama sırasında duyguları fazlasıyla tetiklemekten kaçınmayın. Amacımız kökten temizlik yapmak.

Büyük öğünleri küçültmek

Eğer aralarda atıştırmıyor ama öğünlerinizi abartıyorsanız, bu konu üzerinde çalışın. Gözlerinizi kapatın ve çok yediğiniz yerlerde normalde yediğinizden çok az yediğinizi hayal edin. Evde, işyerinde, restoranda...

Öğünleriniz yarıya düşerse ne hissedersiniz? Hissedeceğiniz kayıp ve mahrum olma duygusunu temizleyin.

Yine unutmayın ki çoğu zaman temizlemenin en etkili olduğu yer, bizzat gerçek hayattır. Özellikle de çok sevdiğiniz bir yemeği yerken, tam keyif aldığınız yerde yemeyi kesin ve hissettiğiniz duyguları tüm göz noktalarında temizleyin.

Hissettiğiniz nasıl bir doyumsuzluk, kayıp, mahrum olma hissi? Tam olarak vücudunuzun neresinde hissediyorsunuz? Göz noktalarını tarayarak, en yoğun hissettiğiniz noktalarda temizleyin.

Fazla iştaha neden olan duyguların temizlenmesi

Bazen, iştah temizlenmesinde kesin çözüm biraz psikoloji üzerinde de uğraşmayı gerektirebilir.

Eğer aşırı bir iştahınız olduğunuzu düşünüyorsanız, gereksiz atıştırmalar ve öğün sırasındaki iştah üzerinde çalışmanıza rağmen biraz daha yol kat etmeye ihtiyacınız varsa, doğrudan psikolojiniz üzerinde çalışmayı deneyebilirsiniz.

Genelde bu aşamaya gelmeden çözüme ulaşsak da, herkesin hikâyesi farklı. Sizi yemeye yönlendirecek kaygı, korku, endişe gibi duyguları ilgili bölümlerde paylaştığım gibi temizleyin. Zaten çalışmalarınızın etkisi iştahınızı azaltacaktır.

Diyet engellerinin temizlenmesi

Kilo hedefinize bağlı olarak, burada paylaştığım uygulamayı bir diyetle beraber yapmak hızınızı arttırabilir. Takip ettiğiniz diyet programıyla, vücudunuzdan daha hızlı kilo atılmasını sağlayabilirsiniz.

Ancak, diyetler ne yazık ki bazılarımıza pek de iyi şeyler hissettirmiyor. Belki diyet konusunda geçmişteki başarısız tecrübelerimizden dolayı, yediklerimize dikkat etmek ve dayatılan öğünleri yemek konusunda çok ciddi bir direnç hissediyoruz. Böyle bir programa girmek için ilk yapılması gereken de, bununla ilgili yaşadığımız kötü duyguları temizlemek olacaktır. Mesela:

* Daha önce kilo verip hemen geri aldığımız için hem diyetlere hem de kendimize duyduğumuz öfkeyi
* Tekrar diyet yapıp geçmişteki gibi başarısız olma korkumuzu
* Diyet yaptığımız zaman hissedebileceğimiz mutsuzluk, mahrum olma, tek keyif aldığımız mutluluğun elimizden alınması duygularını

Bu duyguları nasıl temizleyeceğinizi biliyorsunuz. Eğer, zayıflama konusunda bu tür duygular önünüze engel koyuyorsa, işiniz çok zor değil... Formatlayın gitsin!

Kilomun hakkını vermiyorum!

Ya hiçbir şey yemeden kilo alıyorsanız?

İtiraf ediyorum... Bu durumda işimiz biraz daha zor. Gerçekten bilinçaltınızın neden kilolu olmayı seçtiğini bularak sebebi temizlememiz gerekiyor. Sebep temizlendikten sonra zaten beyin kilolu olma durumunu kendi sonlandırıyor.

Peki, böyle bir durumun yaşanması için ihtimaller nedir?

Aslında birçok ihtimal olabilir. Tiroid bezlerinizin az çalışması (hipotiroid), böbreklerinizin fazla su tutması, besin hassasiyetleri gibi fiziki sebepler olabildiği gibi, "güçlü durmak" gibi psikolojik durumlar ihtimal dahilinde olabilir.

Bu arada, bir sonraki bölümde aslında çoğu fiziksel gözüken

birçok durumun da zaten psikolojik kaynaklı olduğunu detaylı olarak inceleyeceğiz.

Eğer kilonuzun hakkını vermiyorsanız, kesin çözüm için kronolojik sağlık ve kilo durumunuzun, yaşadığınız büyük travmaların, hangi besinlere karşı hassas olduğunuzun bulunması, benzeri detaylı analizler yapılması gerekiyor.

Ortaya çıkan sonuca göre sorunun temizlenmesi için öncelik sıralamasıyla birçok yol denenmeli.

Benim de özellikle kendi ekibimdeki doktorlarla koordineli şekilde yürüttüğüm bu çalışmalar bu kitabın detay düzeyinin oldukça üzerinde. O yüzden şimdilik bu konuyu kapatıyoruz...

Ve kilomuzun en çok tehdit ettiği çok büyük bir konuya giriş yapıyoruz.

Sağlığımız!..

SAĞLIK İÇİN
NeuroFormat®

Sağlık

İşte geldik çok önemli bir konuya... Hayatımıza istediğimiz gibi devam edebilmemizin ön şartı olan SAĞLIĞIMIZA!

Hepimiz, sağlığımız konusunda bir şey olduğunda aslında büyük hayat dersleri alırız. Sağlığımızın ne kadar önemli olduğunu ve daha önce üzüldüğümüz konuların ne kadar da önemsiz olduğunu tecrübe ederiz.

Aslında, beynimizi "formatlayarak" çözebileceğimiz en önemli konuların başında sağlık geliyor. Eğer ülkemizde kabul edilmiş Batı tıp sisteminin kemikleşmiş dogmaları içerisinde yetişmiş ve beynin sağlığımıza olan etkisi konusuna pek de kafa yormuş biri değilseniz, bu bölümde paylaşacağım konular size "fazla" gelebilir.

Yıka Beynini! kitabımda temelleri 19. yüzyılda oluşan Batı tıbbının çok "mekanik" bir mentalite içerisinde geliştiğinden bahsetmiştim. "Küçük bir çocuk" edasıyla birbiri ardına makineler yaratan çağın bilim adamlarının, tıp konusunda da çok mekanik bir bakış açısına sahip olduğunu belirtmiştim. İşte böyle bir çağın bilimcileri vücuda da çok "komplike bir makine" olarak bakmış, makinenin parçalara ayrıldığını, parçalara müdahale ederek ya da gerekirse değiştirerek sorunları çözebileceklerini düşünmüşlerdi. Aslında "belli bir oranda" da başarılı oldular...

Ama dediğim gibi, "belli bir oranda"... Amacım tıp sistemini eleştirmek değil. Ancak hepimiz kabul etmeliyiz ki, özellikle Batı tıbbının hiçbir şekilde çözüm bulamadığı ya da vücuttaki belirtilerini hayat boyu kullanılan ilaçlarla baskıladığı birçok rahatsızlık mevcut.

Peki, ama neden tıp dünyası birçok konuda "takdire şayan"

ilerlemeler kaydetse de, bazı konularda başarısız?

Aslında cevabımız çok net...

Çünkü aslında ÇOĞU HASTALIĞIN SEBEBİ BEYİN KAYNAK-LI! Beyin belli nedenlerle, organları farklı çalıştırmaya karar veriyor. Aslında çoğu zaman organlar bozuldukları için hastalıklar oluşmuyor. Zaten beyin organları çeşitli biyolojik sebeplerden dolayı farklı çalıştırmaya karar veriyor. İşte bu sürecin sonucunda, organlarda fiziksel bozulmalar ortaya çıkıyor.

Asıl soru şu: Beynimiz neden gereksiz yere sürece müdahale ediyor?

Çünkü kitabın başında bahsettiğimiz, hatta aslan karşısındaki insan örneğinde gösterdiğimiz gibi beynimizin tepkileri çok eskilerden kalma. Evrim sırasında geliştirilen tepkiler sadece o dönemin ihtiyaçlarını karşılıyor.

Mesela, henüz evrim sırasında su ortamında yaşarken beynimiz tarafından geliştirilen tepkiler aslında o döneme ait ve hâlâ beynimizde mevcutlar. Evet, insanoğlu olarak biz çoktan sudan çıktık (tabii bu kitabı Bodrum sahillerinde plajda okuyorsanız "Hayır çıkmadık" diyebilirsiniz). Ama beynimiz hâlâ milyonlarca yıl öncesinden kalan eski tepkileri vermeye devam ediyor. Tabii ki üzerine eklenmiş çok daha gelişmiş ve çok daha güncel tepkilerle beraber.

Madem "format" atıyoruz, yine bilgisayar örneğinden gidelim. Çeşitli zamanlarda yazılım şirketleri yazılımlarını baştan aşağı yeniden yazarlar. Zira 30 sene önce yazılan bir programın üzerine yeni güncellemeler eklemek hem zordur, hem de işleri çok yavaşlatır. Sonuçta 30 sene önce yapılan bir yazılım, günün şartlarını tam hesap edemez.

Aslında, beynimizdeki en önemli sorun da bu. Beynimizdeki bizi hayatta tutan tepkiler, hiçbir zaman baştan yazılmamış. Hatta hiçbir şey de silinmemiş. Milyonlarca yıl boyunca sadece yavaş yavaş güncellenmiş.

Güncel tepkilerimizle, milyon yıl öncekiler aynı yazılım içerisinde... Hem muazzam hem de "kaotik" bir düzen!

Bu bölüm biraz "felsefik" kaçmış olabilir. Ancak, sağlığımızı ele alırken, vücudumuzun tepkilerini anlamak için, onların bu şartlar için yazılmadığını bilmek, kaotik düzenin mantığını anlamak gerekiyor.

Yas, ayrılık acısı, böbrekler!

İşte size ilginç bir örnek: Bir yakınını kaybeden ya da kendini çok yalnız hisseden birinin böbreklerinin daha fazla su tutması, böylece kişinin kilo alması işte tam da böyle bir tepki. Topluluk halinde çorak coğrafyalarda avlanarak "geçinip giden" atalarımızdan kalma...

Böyle bir topluluktan herhangi bir sebeple ayrılmak zorunda kalan bir üyeyi bekleyen en büyük tehlike susuzluktan ölmek olmuştur. İşte beynimiz, o dönem şartlarına göre terk edilen kişinin "susuzluktan ölmemesi" için vücutta mümkün olduğu kadar su tutma tepkisini geliştirmiş.

Sağlığımızı stres mi bozuyor?

Mevcut tıp sistemi, stresin sağlığımıza nasıl zararlı olduğunu, organları bozduğunu, hastalıklara sebep olduğunu söyler durur. Hatta artık neredeyse her hastalığın sebebinin stres olduğu konusunda tıp dünyası kendi içinde genel bir "anlaşma" sağlamış durumda.

Acaba bu ne kadar doğru? Stres gerçekten sağlığımızı, organlarımızı bozuyor mu?

Yanıt, "bir anlamda" evet! Ama dolaylı olarak. Şimdi beynimizin algıladığı tehditlere, bir başka deyişle "stresin kaynağına" tepki verme mantığını ele alalım.

Beynimizin oluşturduğu programlar

Beynimiz özellikle önemli gördüğü, yaşadığımız tehditler karşısında bize yardımcı olmak için küçük "programlar" oluşturuyor.

Bu küçük programlar yani beynimiz tehlikelere verdiği tepkilerin aslında iki ana aşamada incelenmesi mümkün.

- Stres dönemi (tepki)
- Çözüm sonrası (normale döndürme)

Şimdi süreci bir grafikle anlatıp, biraz daha detaylandıralım ve aslında beynimizin ne yaptığını inceleyelim...

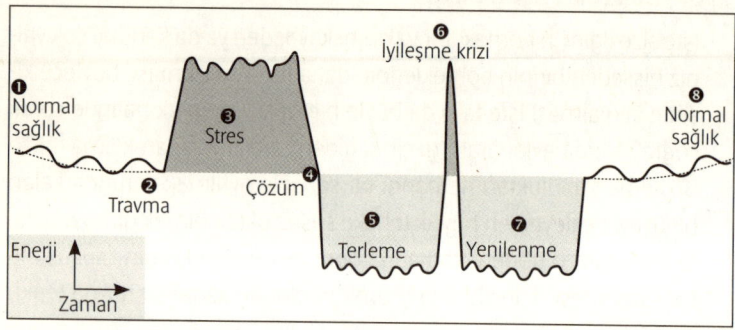

Beynimizin büyük bir tehdidle başlattığı programların genel süreci.

1- Sağlıklı bir şekilde yaşamımıza devam ediyoruz.

2- Hayatımızda hiç beklemediğimiz, dramatik, çözüm stratejisi oluşturamadığımız, özellikle bu sırada kendimizi yalnız hissettiğimiz bir travmatik olay yaşanıyor.

Burada hepimizin başımıza gelebilecek travmalardan bahsediyorum. Belki 5 saniye süren bir trafik kazası ya da 1 saat süren çok utandığımız bir olay.

Ne tür tepki verdiği, yaşanan kötü olayın özelliklerine ve de beynin anlık olarak o olayı nasıl algıladığına göre değişiyor.

Eğer beynimiz bir program başlatmaya karar verirse, bunu 3 farklı düzeyde yapıyor.

- Psikolojimizde
- Fiziksel olarak beynimizde
- Fiziksel olarak ilgili organda

Beynimiz bir yandan olay tekrarlanırsa kendini savunmaya almak için çevrede olan bütün duyusal bilgileri çok kısa bir süre içerisinde kodluyor. Görüntüleri, sesleri, hisleri, kokuları, belki tatları ve o an aklımızdan geçen kelimeleri... Bunu yaparken kodladığı sinyallere daha sonra tepki verebilmeyi amaçlıyor.

3- Tehlikenin aktif olduğu bölümde:

Psikolojimiz: Travmatik olayın bilincinde bize çözüm bulmamız adına fazla enerji sağlıyor. Geceleri uykusuz kalıyor, farkında olmasak bile hep bu olayı düşünüyoruz.

Beynimiz: Beynimizde içinde duygu ve travma anındaki bilgilerin bulunduğu fiziksel bir program oluşturuluyor.

Organımız: Beyin eşzamanlı olarak kendi "mantığı" içerisinde belli bir ya da birkaç organda çözüme yardımcı olacak değişiklikler yapıyor. Yapılan değişiklikler bilinçaltının travmayı yorumlamasına göre durumdan duruma değişiyor.

4- Bilinçaltımız travmatik durumun çözüldüğüne kanaat getiriyor. (Bazen çözüm sorundan kaçarak, bastırarak da gerçekleşebiliyor.)

5- Çözüm sonrası vücudumuz daha önce yapılan değişiklikleri normale döndürme sürecine giriyor. Bu süreçte sıcak terlemeler, yorgunluk yaşanıyor. Yatağımızdan yorgun bir şekilde kalkarken, aslında vücudumuz normale dönme sürecini yaşıyor.

Psikolojimiz: Sorunu çözdüğümüz ya da en azından kaçtığımızda rahatlıyor ve yorgun düşüyoruz.

Beynimiz: Beynimizin ilgili bölümünde iyileşme sağlanması için ödem oluşuyor.

Organımız: Aslında vücutta genel kural olarak iyileşme sağlanması için sıvı ortamı yaratılıyor. (Mesela, iyileşen bir kemiğimizin önce şişmesi gibi). Vücut ısımızın yükselmesi, terleme, ateş, ağrılar bu dönem yaşadığımız belirtilerden bazıları. Tüm bunlar, iyileşme sağlanması için gerekli sıcak sıvı ortamının yan etkileri. Beynimizde ve ilgili organımızda eğer sıvı seviyesi çok yükselirse, sıvının yarattığı baskıdan dolayı ağrılarımız çok artabiliyor.

6- Yorgun vücutta enerjinin yükseldiği, ama özellikle ağrıların arttığı bir iyileşme krizi yaşanıyor. İyileşme krizi yaşamamızın birçok nedeni var. Öncelikle, bu bölümde vücudumuz eski sorunsuz halimize dönmeden, stres dönemini ve sorunu kısa bir süre tekrar yaşatarak "test" yapıyor. Diğer önemli nedense, bir önceki dönemde beyinde ve ilgili organda bulunan sıvıları hızlı bir şekilde vücuttan atmak.

Psikolojimiz: Bu bölümde tekrar stresliyiz. Beynimiz sorunu bize tekrar yaşatıyor. Endişe hali, soğuk soğuk terleme, mide bulantısı iyileşme krizinde yaşanan belirtilerden bazıları.

Beynimiz: Beynimizdeki iyileşme döneminde kullanılan fazla sıvılar bu bölümde hızlı bir şekilde atılıyor. Baş ağrılarının en büyük bölümü, iyileşme krizinde yaşanıyor.

Organımız: İlgili organımızda da beynimize benzer bir süreç yaşanıyor. İlgili bölümden sıvı dışarı atılıyor. Vücutta sivilce patlaması, hapşırmak, öksürmek gibi birçok durum aslında iyileşme krizinin sonuçları.

7- Vücut tekrar yorgunluğun yaşandığı, ama terlemenin bittiği yenileme sürecine giriyor.

Psikolojimiz: Yine yorgun ve rahatız. Yine rahat rahat dinleniyoruz.

Beynimiz: Beynimizdeki ödem atılmış, artık iyileşmeye hazır.

Organımız: Organımız da iyileşmeyi yaşamak üzere...

8- Yenileme sürecinin sonunda sağlığımıza kavuşuyoruz.

Evet, ortam biraz biyoloji dersine döndü biliyorum... Ama yeri geldiği zaman bu bilgileri kullanacağız.

Programlar ne zaman başlıyor?

Beynimizin bu programcıkları başlatmasının belli kriterleri var. Bunlar:

- Olayın yeterince dramatik ve kötü olması
- Gerçekleştiği an kendimizi yalnız hissetmemiz
- Aniden, hiç beklemediğimiz şekilde gerçekleşmesi
- Hiçbir çözüm stratejimizin olmaması

Bazı programlar başlayıp bitiyor

Bazı programlar zaten doğal olarak başlıyor ve doğal bir süreç vücut tarafından tüm evreler yaşanarak tamamlanıyor. Bunlar için hiçbir şey yapmamıza gerek yok.

Mesela, bir yakınınızın sağlığıyla ilgili sorun yaşadığını ve sizin daha kötü bir şey olmasından korktuğunuzu ve çok üzüldüğünüzü düşünelim. Özellikle bu durumun bir "şok" şeklinde yaşandığını ve kendinizi tamamıyla "aciz" hissettiğinizi varsayalım.

Tüm bu sıkıntılı sürece rağmen, belli bir süre telaş yaşadıktan sonra korkuların olmadığını ve yakınınızın tamamıyla sağlığına kavuştuğunu, hatta eskisinden de güçlü kuvvetli olduğunu düşünelim.

Hepimiz böyle dönemlerde vücudumuzda bazı sorunlar yaşayabiliriz. Ancak, sorun tamamıyla beynimizde çözüldüğü için (yakınınız olan kişinin sağlığının eskisinden de iyi olduğunu ve yeniden böyle bir şey yaşaması korkumuzun olmadığını varsayıyoruz) yaşadıklarımız yukarıda bahsettiğimiz süreci takip edecek ve her şey tamamıyla eski haline dönecektir.

Bazı programlar çözüm olmadan sürekli kendini tekrar ediyor

Peki, ya yakınımızın sağlığı tam olarak düzelmezse, ya onun her an daha kötü bir şey yaşama korkusunu sürekli hissetmeye başlarsak?

İşte o zaman "kronik" bir durumla karşı karşıyayız demektir...

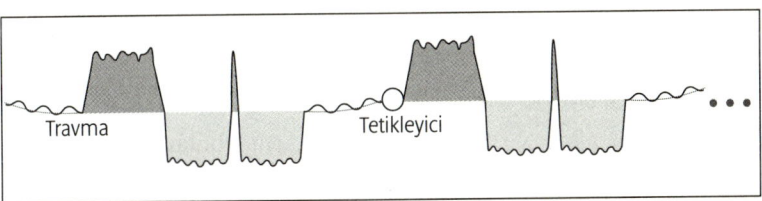

Unutup çözüm dönemine girsek de, kendimizi yeniden aynı döngüde buluyoruz.

Biz bu kitapta, kronikleşmiş sorunları temizlemeyi amaçlıyoruz. Eğer, ana olayların yarattığı tehdidi "formatlamayı" başarabilirsek, kronik durumları da tamamıyla temizleyebiliriz.

Pozitif olmak güzel ama geçmişi temizlemiyor!

Hayatımızda neden hem pozitif hem de paylaşım içinde olmamız gerektiğini bu bölümde daha iyi anlayacaksınız. Ve büyük travmaları özellikle yalnız geçirenlerin başına ileride sağlık sorunlarının neden daha sık geldiğinin yanıtını da bulacaksınız...

Ancak, mevcut sorunlarımız hakkında pozitif olmak yeni travma ve programların oluşma ihtimalini azaltsa da, bu bizim için yine de yeterli değil. Çok geçmişte yaşanan olaylar bugün için çoktan önemlerini yitirseler de, beynimizde takılı kalabiliyorlar.

Hatta biraz önceki örnekten devam edersek, hasta olan kişinin sağlığı eskisinden de iyi olsa da, beynimiz bizim bu dönemde yaşadığımız travmaları tamamıyla temizlemeyebilir. Yakınımız olan kişi tamamıyla iyileşse de, bize o dönemden "miras kalanlar" hayatımız boyunca bizi rahatsız etmeye devam edebilirler. Onun tekrar aynı durumları yaşaması korkumuz, geçmişte yaşadığımız travmatik programları tetikleyerek bizim sürekli kronikleşen rahatsızlıkları yaşamamızı sağlayabilir.

214

Mucizelerin sınırı yok!

Aslında, beynimizin sağlığımızdaki etkisi ve "bütüncül" tıbbın (beyinle vücudu beraber değerlendiren tıp anlayışı) önemi her geçen gün daha iyi anlaşılıyor. Zaten, Batı tıbbında da son yıllarda neredeyse tüm hastalıkların ana nedeni olarak "stres" gösteriliyor.

Ancak, hastalıkların nedenini stres olarak göstermek, süreci pek de anlayamadığımız anlamına geliyor. Rahatsızlıkları yaratan aslında stres ve stresin vücudu bozması değil! Asıl neden, beynimizin tehdit algısı ve kendisinin verdiği, milyonlarca yıl öncesi için doğru ama şu an için yanlış kararlar.

Eğer, beynimizin hayatımızın hangi döneminde bu kararları aldığını bulabilirsek, aslında sağlığımız konusunda yaşayabileceğimiz mucizelerin sınırı yok. (Aslında konu daha iyi anlaşıldıkça olayın mucize olmadığı, gayet basit mantık kuralları içinde "bilimin ta kendisi" olduğu da çok net olarak görülecektir.)

Tüm bunların ışığında asıl konu TEŞHİS...

Hayatımızın tümünü temizleyemeyiz. Ama eğer spesifik bir rahatsızlığımız varsa, bunu beynimizin yaşadığımız hangi olaya istinaden yarattığını bulursak, temizleme ihtimalimizin de hiç az olmadığını söyleyebilirim.

Bu başlı başına çok uzun ve detaylı bir konu. Hatta ilerleyen yıllarda bu konuda paradigmaları değiştireceğini düşündüğüm kitaplar da yazmayı planlıyorum. Şu ana kadar birçok konuyu ana hatlarıyla ele alarak, bu konuları nasıl "formatlayacağımızı" gördük. Ancak, bu kitabın içeriği bakımından sağlık konusunu dar tutmayı, sadece çok yaygın bazı rahatsızlıkları, nedenlerini fazla incelemeden NeuroFormat® sistemiyle nasıl çözebileceğimizi paylaşmak istiyorum.

Beynimiz neden yanlış kararlar veriyor?

Aslında ANLIK TEHDİTLERE, organsal bazda anlık tepkiler vermek tüm hayvanlarda oldukça doğru sonuçlar ortaya çıkarıyor. Zira onların sorunları da "anlık".

Ancak, insanoğlunun beyni ve yaşamı karmaşık hale geldikçe, çekirdekte koşan biyolojik programların önemli bir bölümü de anlamlarını kaybetmişler. Normalde saniyeler içinde başlayıp bitmesi gereken programlar, konular karmaşıklaştıkça aylar yıllar sürmüş.

Aslında beynimizin yanlış yapmasının en büyük nedeni de bu... Yani ZAMAN...

Kısa bir anda verilmesi gereken tepki, aylara yıllara uzayınca tepkiler tamamıyla yanlış hale geliyor ve gereksizleşiyor.

Bilinçaltımızın yaptığı diğer önemli hata, sorunları çok basite indirgeyerek, aslında karmaşık ve SOYUT KONULARA çok basit ve SOMUT TEPKİLER vermesi.

Mesela, kendi kurduğu firması iflas etme tehlikesi geçiren birinin bilinçaltı, "iş", "güç", "firma", "internet", "para" gibi kavramlardan aslında pek de anlamıyor. Bilinçaltı tarafından tehlike yaşanan alan gibi çok temel konular şeklinde algılanıyor. Böyle bir tehlike ya da iflas yaşayan kişinin bilinçaltının başlattığı program "çocuğunun tehlikede olması", "bölgesinin tehlikede olması" gibi temel programlar olabiliyor.

Örnek
programlar

Öncelikle belirtmek isterim ki, hiçbir yöntemin bütün rahatsızlıkları temizleme gibi bir iddiası olamaz. Tabii ki NeuroFormat® sisteminin de böyle bir iddiası yoktur.

Evet, bu uyarıyı yapma gereğini hissediyorum. Ancak şunu söylemeliyim ki, doğru yaklaşım, doğru teşhis, doğru uygulama ve gerekirse sebat ederek imkânsız denebilecek iyileşmeleri ben kendi gözlerimle bizzat gördüm! İlk kitabımı okuyan ve uygulayan yüzlerce kişiden, çok iyi haberler aldım. Ve sizlerin de biraz önce paylaştığım şartları yerine getirdiğiniz sürece benzer sonuçları alacağınıza tüm kalbimle inanıyorum.

Sağlığımızı bu boyda bir kitaba kısa bir bölüm olarak sığdırmak tabii ki konuya haksızlık olur. Öncelikle sizinle detaylı olarak paylaştığım sürecin farklı organlardaki yansımasının örneklerini, daha sonra sık rastlanan bazı rahatsızlıkları sistemimizi kullanarak nasıl formatlayabileceğimizi görelim.

Hadi başlayalım...

216

Kalp krizi

Hayatta en korktuğumuz, en fazla ölüme sebebiyet veren ve stresle en çok ilişkilendirilen hastalık belki de kalp krizi. Son yıllarda kolesterol ve kalp krizi arasındaki ilişki doktorlar arasında tartışıladursun, şüphesiz stresin kalp krizi üzerindeki etkisi herkesçe kabul edilen bir gerçek.

Peki, gerçekten stres nasıl kalp krizine sebep oluyor? Stres kalbi mi bozuyor?

Ya da şöyle bir soru soralım: Siz hiç emekli olduktan kısa süre sonra ya da sorunları tam çözülmüş ve rahata ermişken, 6 ay-1 sene içerisinde kalp krizi geçiren birini duydunuz mu?

Duyduğunuzdan eminim. Birazcık araştırmayla kalp krizlerinin çok önemli bir kısmının bu dönemlerde yaşandığını bulabilirsiniz. Özellikle ordudan emekli olan generallerimizin ya da iş hayatında çok zor süreçler yaşadıktan sonra daha sakin bir hayata geçen iş adamlarının kalp krizi geçirdiklerini sıkça okuyabilirsiniz. Kalp krizleri genelde stresin tavan yaptığı, her şeyin zor olduğu dönemde değil, bir şeylerin çözüme kavuştuğu, insanın sonunda rahatladığı dönemde yaşanır. Gelin bunun nedenini irdeleyelim...

Aslında beynin kalp krizini yaşatmasının pek çok farklı nedeni ve senaryosu bulunuyor. Ancak en yaygın olanı "bölgesel tehdit"le ilgili. Biraz önce kullandığımız şekil üzerinde kalp krizinin en yaygın senaryolarından birini açıklamaya çalışalım.

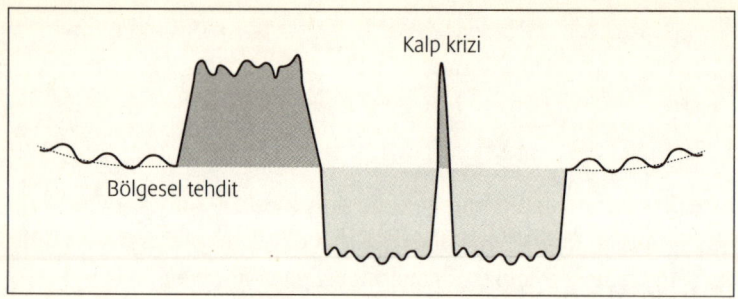

Hayatımızda "bölgesel tehdit" içeren, çok dramatik, yalnız olduğumuz, bize şok yaşatan, çaresiz kaldığımız bir olay ya da olaylar silsilesi gerçekleşiyor. Mevcut tıp böyle bir durumu "aşırı stres" olarak nitelendiriyor. Aslında bu tepkinin gerçekleşmesi için beynimizin olayı "bölgesel tehdit" olarak algılaması ve ilgili programı başlatması gerekiyor.

Bölgesel tehditler "bölgeniz" olarak değerlendirilebilecek her durumu kapsayabilir. İş hayatında yaşanan iflas, işten çıkarılma, çok önemli bir yakını kaybetme gibi konular beynimiz tarafından "bölgesel tehdit" olarak algılanabiliyor.

Stres dönemi

Tüm tehditlerde olduğu gibi beynimizin böyle bir duruma verdiği tepki yine ilkel. Eğer bölgemiz başkaları tarafından tehdit edilirse, güçlü olmalı ve bir an önce yabancıları bölgemizden çıkarmalıyız. Beynimizin bize yardım etme şekli, güçlü ve daha enerjik olmamız adına daha fazla kan akışı sağlamak ve bunun için kalbi besleyen "koroner arterleri" genişletmek. Canlı bir hayvan tehdidine karşı verdiği ani tepki kalbi daha hızlı çalıştırmaken, burada arterlerin duvarlarını inceltmek suretiyle genişleterek kan "debisini" yükseltmeyi seçiyor.

Çözüm sonrası

Bölgesel tehdit çözülür çözülmez, stres dönemi boyunca inceltilen arterlerin, çözüm sonrasında eski haline getirilmesi gerekiyor. İşte burada karaciğerde üretilen kolesterol devreye girerek inceltilen duvarları onarıyor. Zaten, sorun çözüldüğü için bu sırada, psikolojimiz oldukça rahatlamış, iyileşme döneminin en tipik belirtilerinden olan yorgunluğun etkisindeyiz.

İyileşme krizi = Kalp krizi

Rahatça dinlenme fazının tam ortasında bir dönemde beynimiz bizi hiç beklenmedik şekilde (bu kitabı okumayan biri için beklenmedik tabii) "iyileşme krizi" ya da "stres testine" tabi tutuyor. Bir anda kendimizi çözüm öncesi yaşadığımız gibi stresli, endişeli, soğuk soğuk terlediğimiz kötü bir krizin ortasında buluveriyoruz. Bildiğiniz kalp krizinden bahsediyorum.

Biraz önce bu testin ana amacının, çözüm sonrasında beyinde oluşan fazla sıvının atılması ve normale dönüş öncesi son bir "stres testi" olduğunu söylemiştik. Krizin ne kadar şiddetli olacağı, stres döneminde yaşanan "stresin" büyüklüğüne ve bu dönemin ne kadar zaman sürdüğüne göre değişiyor. Büyük duyguların yaşandığı, uzun süren stres dönemlerinin testi ne yazık ki çok sert geçerek ölümlere yol açabiliyor.

Sizinle paylaştığım bu süreç, kalp krizi çeşitlerinden sadece bir tanesi. Kitabımızın kapsamı açısından konunun detaylarını burada bırakmayı doğru buluyorum.

Bu bölümden öğreneceğimiz en önemli ders, çok zorlu bir iş döneminden çıktıktan sonra beynimizin biyolojik bir programı test edebileceğini bilmek ve böyle bir sorunla karşı karşıya kaldığımızda, bunun sadece ve sadece bir "iyileşme stres testi" olduğunu hatırlamak. Bununla beraber, bu testin şiddetini azaltmak amacıyla, stresli dönemlerde terapi (özellikle de tekniklerimiz) stresin kademeli olarak azaltılması açısından çok yararlı olacaktır. Bununla beraber, stres döneminden aniden çıkmak yerine, yine kademeli bir şekilde "sorunu çözmeli", çok keskin çizgilerde bir hayat değişiminde olmaktan kaçınmalıyız.

Şimdi kalpten biraz daha aşağıya inerek sindirim sistemimizi kısaca inceleyelim...

Hassas Bağırsak Sendromu (IBS)

Genelde psikolojimizi en iyi şekilde yansıtan organlarımız sindirim sistemimizle ilgilidir. Klasik tıp da stresin mide ve bağırsak hastalıkları üzerindeki etkisini kesin bir şekilde kabul eder. Zaten, mide ve bağırsak problemleri yaşayanlar da problemlerinin psikolojileriyle ne kadar ilgili olduğunun oldukça farkındadır.

Ancak ne yazık ki, tüm bu "konsensus"a rağmen, mide ve bağırsak hastalıklarının nedenini sadece strese bağlamak, yine topu taca atmak anlamına geliyor. Zira stres, sindirim sistemindeki organları bozmuyor. Beynimiz belli bir tehdide karşı sindirim sistemini, normalden farklı şekilde çalıştırmaya karar veriyor. Şimdi bu hastalıklardan en yaygın ve genelde kesin çözümü olmayan birini, Hassas Bağırsak Sendromunu (IBS) nedenleriyle açıklamaya ve çözüm bulmaya çalışalım.

Öncelikle sindirim sistemimizin, evrim sırasında milyonlarca yıl önce ilk şekillenen sistemlerden biri olduğunu, tepkilerinin "toprakta sürünen kurt" döneminden kaldığını hayal edin. Böyle bir kurdun en önemli sorunu, yutmaya çalıştığı bir besin, sindirim sisteminde takıldığı zaman, bir an önce bu besinden ağız ya da anüs yoluyla kurtulmaya çalışmaktır.

Beynimizin programlarının milyonlarca yıl öncesinden kaldığını söylemiştik. Artık mevcut hayatımızda sindirmemiz gereken sadece besinler değil. İçimize sindiremediğimiz, dramatik, hiç beklemediğimiz, çaresiz kaldığımız ve kendimizi yalnız hissettiğimiz bir olay sırasında da beynimiz sindirim programını başlatabiliyor. Sindiremediğimiz olaya karşı olan öfkemiz gerçekten de beynimizin ilkel programını harekete geçiyor.

Peki, hangi sindirim organımızda bu program başlıyor?

Bu tamamıyla söz konusu dramatik olayı ne kadar sindirdiğimizle ilgili... Mesela, yaşanan olayı hiç kabul etmek istemezsek bir gastrit ya da reflü şikâyeti ortaya çıkabilir. Ya da olayı kabul edip hayatımıza devam eder ve yine de sindiremezsek bağırsaklarımız tepki verebilir. Bu arada şikâyetin şiddeti de tamamıyla dramatik olayın şiddetiyle doğru orantılı olacaktır.

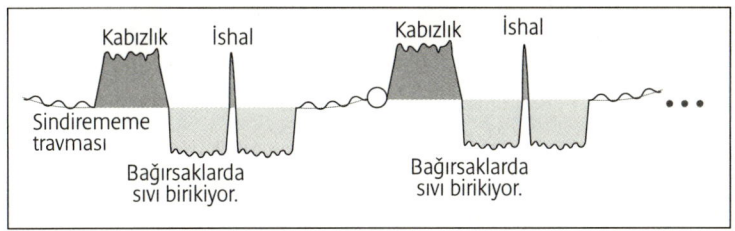

Stres dönemi

Stres döneminde beyin sindirilemeyen bir "nesne" olduğunu düşünüyor ve buna göre tepki veriyor. Stres döneminde stres ve endişelerimizin tavan yaptığını söylemeye gerek yok. Bağırsaktaysa sindirimi arttırmak adına "sindirim sıvıları" artıyor. Bu dönem sindirmeye çalışmakla ve "kabızlıkla" geçiyor.

221

Çözüm sonrası

Çözüm genelde konuyu unutmakla gerçekleşiyor. Beyin konudan uzaklaştığı an, bağırsaklar "suyla" doluyor. Bunun nedeniyse, parçalandığı düşünülen "nesnenin" parçalarından kurtulmak. Bu dönemde psikolojimiz, her çözüm sonrasında olduğu gibi rahatlamış durumda.

İyileşme krizi = İshal

Her iyileşme krizinde olduğu gibi stres kısa bir süre yeniden dönüyor ve vücudumuzdan iyileşme döneminin fazla "sıvıları" atılıyor. İshalin amacı bağırsakta biriken sindirim sıvılarından, sudan ve sindirilmeye çalışılan "nesne"den kurtulmak.

Ekibimle yaptığımız çalışmalarda mide sorunlarında hatırı sayılır bir başarı sağladığımızı, birkaç NeuroFormat® çalışmasında kişinin sindiremeyerek öfke duyduğu olayı bulmak kaydıyla sorunu tamamıyla çözdüğümüz birçok farklı vaka olduğunu söyleyebilirim.

IBS ve benzeri sorunlardan tamamıyla kurtulmak için en önemli nokta, bu sorunun gerçekte hangi travmanın sonucu olduğunu doğru teşhis edebilmek. Eğer doğru olayı bulabilirseniz çözümün oldukça yakınınızda olduğunu söyleyebilirim.

Vitiligo - Egzama

Peki ya kronik deri sorunları?

Aslında onların da önemli bir bölümü beynimizin yarattığı programlar... Bu bölümde derimizin dış kısmı olan epidermis üzerinde çalışan örnek bir programı inceleyelim. Program bir "ayrılık ve terk edilme" travmasıyla başlıyor. Yine bir benzer döngüdeyiz.

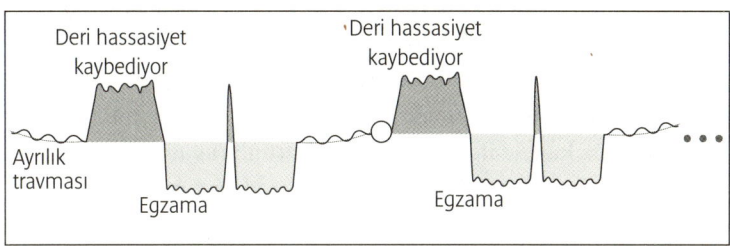

Stres dönemi

Epidermis bu dönemde ayrılığı daha az hissetmek, hassasiyeti azaltmak için hücre kaybediyor. Bu dönemde deride gözle görülür çok büyük bir değişiklik olmuyor. Sadece çok şiddetli ayrılık travmalarında, güçlü stres döneminde beyaz lekeler görülebiliyor. Doktorlar bu duruma "vitiligo" ismini veriyorlar.

Çözüm sonrası

Artık sorun çözüldüğüne göre, deriyi eski haline döndürme zamanı... Aslında deri hassasiyeti geri kazanmak için hücre üretiyor. Bu normalden çok daha hızlı bir yenilenme olduğu için deri kabarıyor ve şişiyor. Bildiğimiz egzama belirtileri bu dönemde yaşanıyor. Doktorların egzantem, dermatit, ürtiker olarak belirttikleri durumlar aslında benzer programların çözüm sonrasındaki belirtileri.

Kitabın başında annesinden birkaç saatliğine ayrılan bir bebeğin, annesinin sonsuza kadar yok olduğunu hissederek ağladığından ama sonra annesinin her seferinde geri dönmesiyle bu duruma alıştığından bahsetmiştik. Tahmin ettiğiniz gibi, beynin yarattığı "biyolojik programların" yaşı yok...

Peki, "ayrılma ve terk edilmeyle ilgili" bu sorunlar neden vücudun sadece belli yerlerinde gerçekleşiyor?

Bu tür sağlık sorunlarının vücudumuzun neresinde yaşanacağı tamamıyla beynimizin ayrılığı neremizde hissettiğiyle ilgili? Özellikle ayrıldığımız kişinin normalde dokunduğu yerler, programların başlayabileceği noktalarımız. Mesela, sürekli sarıldığımız birinden ayrılmak göğüs ve göbek çevresinde, elimizi tutan birinden ayrılmamız elimizde deri sorunlarına yol açabilir.

Ayrıca, ilerleyen sayfalarda vücudun sol veya sağ tarafının beynimiz için ne anlama geldiğini detaylı olarak irdeleyeceğiz. Bu bölümde sizinle paylaşacağım bilgiler derimiz için de geçerli olacak.

Bu arada şunu belirtmek isterim ki, her ayrıldığımız ve çok üzüldüğümüz kişiyle ilgili olarak deri sorunları yaşamamız gerekmez. Ancak, hiçbir şekilde geçirilemeyen deri sorunlarınız varsa ilk bakacağımız nokta ayrılık ve terk edilme travmaları olmalı.

Doğru travmayı yakaladığınızda artık nasıl çözeceğinizi biliyorsunuz...

Ağrılar

Şimdi gelelim belki de dünyada milyonlarca kişinin derdi olan ağrılar konusuna. İlk kitabım *Yıka Beynini!*'de konuyu detaylı olarak anlatmış, okurlardan kronik ağrılarının geçtiğine dair müthiş geri bildirimler almıştık. Bu bölümde çok daha farklı yeni bilgilerden bahsedeceğiz.

NeuroFormat® tekniğiyle ağrıları temizlemek

Biraz sonra sizinle paylaşacağım süreci denerken, üzerinde çalıştığınız ağrının doğasına göre dikkatli olmanız gerekebilir. Kırık, çıkık ya da açık yara gibi fiziksel konularda da ağrınızı azaltabilirsiniz. Ancak, uygulamaların gerekirse ilgili bir sağlık personeliyle beraber yapılmasını tavsiye ederim.

NeuroFormat® tekniğini kullanarak yaşadığınız günlük ağrıları (boğaz ağrısı dahil olmak üzere) ve acıları tamamıyla temizleyebilir ya da çok daha dayanılabilir seviyelere getirebilirsiniz. Peki ama nasıl?

Önce ağrınızı tetikleyin. Bunu yapmak için elinizi ya da ağrı hissettiğiniz kasın kendisini kullanabilirsiniz. Tabii ki, üzerinde çalıştığınız durumun ciddiyetine göre, dikkatli olmanız elzem. Amacımız, kaldırabileceğinizden daha fazlasını zorlamak değil. Sadece ağrıyı biraz daha şiddetli hissetmenizi sağlamak. Bu arada eğer ağrıyı tetikleme ihtimaliniz yoksa bile, uygulama sırasında tek bir elinizi ağrı hissettiğiniz bölgede tutmanızın yararı oldukça fazla. Zira, elinizi ağrı hissettiğimiz bölgenin üstünde tutmak, süreç sırasında beyninizin ağrıya daha iyi odaklanmasını sağlıyor.

Şimdi ağrınızı daha fazla hissederken tek yapmanız gereken gözlerinizle taramak ve ağrınızın daha yoğun olduğu göz pozis-

225

yonlarını bularak, tüm pozisyonlarda NeuroFormat® vuruşlarını uygulamak.

Bu kadar basit!

Oldukça doğal bir yöntemle ağrılarınızı kalıcı ya da geçici olarak temizleyebilirsiniz. Geçici çünkü üzerinde çalıştığınız ağrının nedenine göre sonuç her zaman kalıcı olmayabilir. Ama sizi belli bir süre idare edeceği kesin. Kalıcı iyileşme yaşamasanız da, genel ağrı seviyeniz azalabilir ya da ihtiyacınız olduğu zaman aynı uygulamayı sürekli olarak yapabilirsiniz.

Aklınızda tutmanız gereken diğer konu ağrıların sizi tam olarak nasıl rahatsız ettiği... Mesela, sıcak ve baskı yarattığı için mi, yoksa kafanıza bir çekiç vuruluyor gibi bir his yarattığı için mi? Bir elektrik akımı mı hissediyorsunuz yoksa bu ağrıyı soğuk "siyah" bir basınç gibi mi yaşıyorsunuz?

Ağrıyı tamamıyla "formatlamak" için, sizi rahatsız etme nedenlerini, yani aslında rahatsızlığı yaratan bütün parçaları temizlemeniz gerekebilir.

Ağrıların duygusal nedenleri

Vücudun hangi bölümünde neden ağrı hissedildiği meselesi hem çok uzun hem de üzerinde daha çok araştırma yapılması gereken bir konu. Henüz tıp dünyasının, vücudumuzdaki ağrı meselesini tam olarak çözdüğü söylenemez. Genelde yaklaşım, gerektiğinde ilaç kullanılarak ağrıdan dolayı hissedilen rahatsızlığın baskılanması.

Ağrıların nedenlerini bulma konusu başlı başına bir derya. Biz yine de bir başlangıç noktası olması adına, vücudumuzun farklı kemiklerinden dolayı hissedilen ağrıların nedeni olabilecek olası travmaları ve beynimizin neden böyle bir tepki verdiğini özetleyelim. Kemiklerimizde yaşanan (ve tabii ki dışsal etkilere dayanmayan) sorunların kaynağı aslında ortak!

"DEĞERSİZLİK."

Eğer herhangi bir travmayla kendinizi değersiz hissettiyseniz, beyniniz sürece karışarak size daha fazla değer verebilmek için "kemiklerinizi güçlendirmeye" karar verebilir (burada kemiklerin güçlenmesinin size nasıl değer vereceği ayrı bir tartışma konusu tabii ama beyin ve beden ilişkisinde anlam veremediğimiz binlerce konu var zaten!). Ancak, hep söylediğimiz gibi beynimiz milyonlarca yıl öncesine ait programları çalıştırıyor.

Yukarıda çok kısaca bahsettiğim sürecin detaylarıyla sizi boğmak istemem. Ancak, eğer kemiğinizden kaynaklandığını düşündüğünüz ama kimsenin çözemediği bir ağrıdan şikâyetçiyseniz aşağıdaki listeyi okuyun. Ağrınız başlamadan birkaç sene öncesine kadar, ilgili kemiğinize karşılık gelen konuda bir travmatik olay yaşadınız mı?

Kemikleri etkileyen duygular	
Kafa	Entelektüel değersizlik
Gırtlak, boyun	Adaletsizlik
Omuzlar	Aileye bakamamak, suçluluk
Eller	Bir olay karşısında aciz kalmak
Bel	Kimliğinizle ilgili değersizlik
Leğen kemiği	Cinsel değersizlik
Kasık kemiği	Cinsel değersizlik
Bacaklar	Zorluğa karşı ayakta duramamak
Diz	Esnek olamamak, spor benzeri aktivitelerde düşük performans
Ayak bileği	Karşı koyamamak, kaçamamak
Ayaklar	İleri gidememek
Topuklar	Yeterince hızlı olamamak

Migren

Klasik Batı tıbbının sorun yaşadığı, kesin bir çözüme ulaşamadığı alanlardan biri de migren. Aslında migrenin birçok çeşidi ve nedeni olabiliyor. Biz kısaca en çok rastlanan migren tipinden bahsedelim.

Yine bir "iyileşme krizi" olarak migrenden...

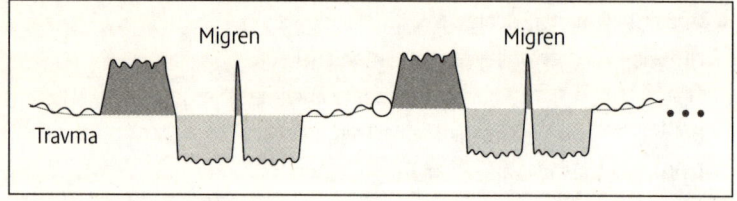

Eğer bu tip migreni iyi anlamak istiyorsanız, beynimizin başlattığı biyolojik programları detaylı olarak irdelediğimiz sayfaları tekrar okumanızı tavsiye ederim.

Evet, biyolojik programların akışı içerisinde beynimiz çözüm sonrası beyinde fiziksel bir iyileşme ortamı yaratıyor. İyileşme için bir sıvı ortam gerektiğini ilgili bölümde anlatmıştık. İşte bu programın 5 ile gösterilen "yenilenme" döneminde bu ödem kafamızda baskıya sebep olmaya başlıyor. Verdiği rahatsızlıksa, programın iyileşme krizinde doruğa ulaşıyor. İyileşme krizinde asıl amaç zaten bu ödemden kurtulmak ve beyni eski haline getirmek. Aslında, migren ağrılarının başladığı dönem de tam da bu nokta...

Çözüm tam da beklediğiniz gibi, migrene sebep olan ana olayı bulup, beynimizin yarattığı bu gereksiz programdan sonsuza kadar kurtulmak. Yapmanız gerekenleri biliyorsunuz.

Peki, ya hiçbir şekilde olayı tespit edemediyseniz?

Bir önceki bölümde NeuroFormat® tekniğiyle ağrıları nasıl geçirebileceğimizden bahsetmiştik. Tekniği bu şekilde migren ağrınızda uygulayın. Ağrıyı tetiklemeye ihtiyacınız olmayabilir, ama tavsiyem bir elinizin hep başınızın ağrıyan noktasında bulunması. Böylece beyninizin dikkatini ağrıyı çektiğiniz yere vermiş olursunuz.

Teşhis olmadan, yani migrene sebep olan olayı bilmeden de migreni tamamıyla temizleme ihtimaliniz var. Ancak, o zaman işiniz biraz sebat biraz da şansa kalır. Yine de bulabiliyorsanız, migren yaratan programa sebep olabilecek olayları birer birer temizleyerek migreninizi altın vuruşla tek bir seferde formatlamanızı öneririm.

Organ bazında teşhis

Farkındayım, sağlık ve beyin ilişkisi başlı başına bir kitap olacak kadar geniş. Ama size genel bir fikir vermesi açısından beynimizin, duygularımızın ve yaşadıklarımızın sağlığımıza etkisini kısaca da olsa özetlemek istiyorum.

Bu bölümde çeşitli organları ele alıp, onların hangi travmalara neden tepki verdiklerini çok kısaca inceleyeceğiz. Aslında anlatacağım konu, inanın hiç de basit değil ve "ruhani" bir şey gibi de gelmesin. Diğer organlarımız da, bir aslanla karşı karşıya kalan ilk insanın kalbi gibi, çeşitli "tehditlere" milyonlarca yıl öncesinden kalan mantık içerisinde tepkiler vermeye devam ediyor.

230

Topluluğa karşı konuşma yapmak üzere olan günümüz insanının da aynı savaş/kaç tepkisini verdiğinden bahsetmiştik. Mantık aslında tamamıyla aynı. Yaşanan biyolojik programların 3 ayağının olduğunu, bunların:

1- Psikolojimiz
2- Beynimiz
3- Organımız

seviyeleri olduğunu söylemiştik. Bunun ışığında asıl ilgilendiğimiz soruyu sorabiliriz.

**Belli bir travmaya hangi organ tepki veriyor?
Ve başka bir organ değil de, neden o organ
tepki veriyor?**

Cevap şu: Beynimiz travmaları belli ilkel tepkiler çerçevesinde yorumluyor ve nasıl bir tepki gerektiğine göre hangi organımızın devreye gireceği anlık olarak belirleniyor.

Organların verdiği tepkilerin tümü savunma, koruma amaçlı ve hepsi de iyi niyetli. Ama ne yazık ki, bu tepkilerin tabiri caizse biraz "demode", çok eskiden kalma olduğunu da kabul etmek gerek...

Şimdi size, bu yetmezmiş gibi konuyu daha da karmaşık hale getiren bir şey söyleyeceğim: Aslında, aynı organın tüm dokuları belli bir tür tehdit unsuruna bir bütün halinde aynı tepkiyi vermiyor. Aynı organın farklı bölümleri, farklı tür travmalara bağımsız olarak tepki veriyorlar!

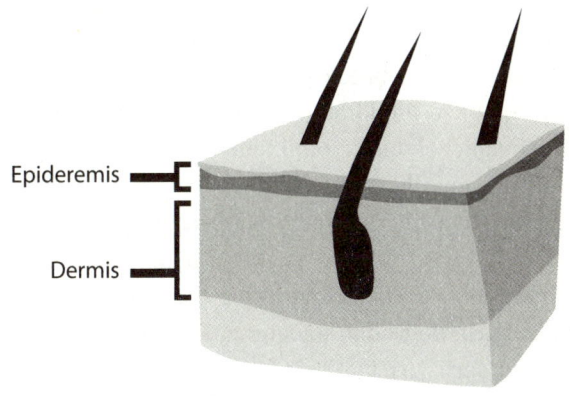

Epideremis

Dermis

Derimizin katmanları.

Mesela, derimizin iç kısmı olan "dermis" fiziksel ya da kişisel saldırılara tepki verirken (amacı saldırılara karşı deriyi yani kalkanı güçlendirmek), dış derimiz yani "epidermis" sevdiğimiz bir yakınımızdan ayrılmamız gibi travmalara tepki veriyor (amacı sevdiğimiz kişi bizden ayrı olduğu için deride hassasiyet kaybı yaratarak acıyı azaltmak).

Bununla ilgili diğer bir unsur da şu: Belli bir organın bütün fonksiyonları beynin aynı yerinden de kontrol edilmiyor. Yukarıdaki örnekten yola çıkarsak, iç derimiz beynimizin "cerebellum" kısmından (eski beyin), dış derimizse korteksten kontrol ediliyor.

Sizin de fark ettiğiniz gibi, ilk gelişen derimiz olan "dermis"in "savunma" önceliği ortaya çıkmış olduğu döneme ait. Zaten o döneme ait beyin tarafından kontrol ediliyor.

Epidermis daha çok sosyal yani çok daha gelişmiş ihtiyaçlarımızla ilgileniyor. Ve ortaya çıktığı dönemde gelişen daha yeni beynimiz "korteks" tarafından kontrol ediliyor.

Kabul ediyorum... Vücudumuzun işleyiş mantığını anlatmanın sonu yok. Ama şunu söylemeliyim ki, eğer üzerinde çalıştığınız konuda çözüme bir türlü ulaşamıyorsanız, "detaylar" bazen hayat kurtarabiliyor.

Beynimizle organların nasıl bir bütünlük içinde çalıştığı aslında çok yeni bir konu. Sizinle paylaştığım bilgiler ne yazık ki hiçbir "klasik" biyoloji ya da tıp kitabında bulunmuyor. Özellikle de Batı tıbbının, konuya beyin açısından yaklaşması ve bu bilgileri yaygın hale getirmesi birkaç yüzyıl dahi alabilir. Biz kimileri için enteresan olabilse de, kitabımızı nüfusun yüzde 99'u tarafından sıkıcı bulunabilecek bir biyoloji kitabı haline getirmeyelim.

Genel amacımız, herhangi bir şikâyetimiz varsa bunun yaşadığımız hangi olaydan kaynaklanmış olabileceğini bulmak. Bunu yapabilmek için de bir şekilde "seçenekleri" daraltmamız gerekiyor.

Bu arada, biz çok nadir olarak bir travmanın hangi organlara etki yapacağıyla doğrudan ilgileniriz. Bizimkisi daha çok tersten sorulmuş bir soru, zira karışmış bir balık oltasını açmaya ve biraz detektiflik yapmaya çalışıyoruz. Sorduğumuz soru şu:

Rahatsızlığımıza sebep olan organ, hangi tür bir travmadan etkilenmiş olabilir?

Bu bir kayıp mı? Terk edilmek mi? Anlık ölüm korkusu mu? Cinsel bir utanç mı? Fiziksel bir tehdit mi?

Rahatsız olan vücut parçasını doğru olarak bilmemiz, ne tür bir travma aramamız gerektiğini söyleyecek, bir bakıma olasılıkları daraltacak, biz de hayatımızdaki hangi olayı formatlamamız gerektiğini daha net görmüş olacağız.

Aşağıda organlarımızın (gerektiğinde farklı dokularının) hangi tür travmalara tepki verdiğiyle ilgili genel bir tablo bulacaksınız.

Eğer hiçbir şekilde çözüm bulamadığınız bir rahatsızlık üzerinde çalışıyorsanız, hangi tür travmayı temizlemeniz gerektiğini aşağıdaki tabloda basit haliyle bulabilirsiniz.

Bu arada yeri gelmişken, benzer bir çalışmayı yıllardır iyi niyetle yapan Amerikalı yazar Louise L. Hay'kilerden çok daha farklı bir tabloyu karşınızda bulacaksınız. Kendisinin doğru bir alanda ilerlemesine rağmen, duygular ve sağlık arasındaki bağlantıyı bilimsellikten uzak ve oldukça ilkel şekilde kurduğunu, bulduğu sonuçların çoğunun da yanlış olduğunu düşünüyorum.

Sizinle bu bölümde paylaştığım bilgiler, özellikle Avrupalı doktorlar arasında filizlenmiş, son 10 yıl içerisinde büyük ivme kazanmış çok önemli çalışmaların ürünüdür.

Kitabın konusu açısından detaylara giremesem de, böyle kapsamlı bir listeyi sorunlarınızın çözümünde ışık tutması, travmalarınızı doğru şekilde bulmak ve çözmek konularında size rehberlik etmesi açısından veriyorum.

Travma ve tehditlerin etkilediği organlar

Organ	Tehdit / Travma
Adrenal medulla	Aşırı genel stres yüklenmesi
Ağız	Elde edememe ya da çıkaramama (söyleyememe, konuşamama)
Akciğer – bronşlar	Ölüm korkusu
Akciğerler - bronş - goblet hücreleri	Nefes alamama korkusu
Akciğerler - bronş mukozası	Bölgesel tehdit korkusu
Bademcikler	Yutamamak ya da kurtulamamak
Bağırsak - düz kaslar	İçindeki parçaların hareket edememesi tehdidi
Bağırsak - körbağırsak – apandisit	Sindirilemeyen öfke
Böbrek üstü kabuğu (adrenal korteks)	Yanlış yöne doğru hareket, kaybolma
Böbrekler - parankim	Su veya sıvıyla ilgili tehdit
Böbrekler - toplama tüpleri	Terk edilme, sürüden dışarıda kalma
Burun	Kokuyla ilgili tehdit
Dalak	Kan kaybı, özdeğeri kaybetme travması
Deri - Epidermis - Dış deri	Ayrılık travması
Deri - Dermis - İç deri	Kişiliğe, kimliğe tehdit, fiziksel saldırı
Dilaltı tükürük bezleri	Yutamamak ya da kurtulamamak
Diş minesi	Isırma ya da ısıramama travması
Gırtlak - kas	Şok eden korku
Gırtlak - mukoza	Konuşma kaybı korkusu, şok eden korku
Gözler - camsı cisim	Arkadan saldırı korkusu
Gözler - iris	Işık parçalarını hızlı görememe ya da kaçamama tehdidi
Gözler - konjonktiva	Görsel ayrılık
Gözler - kornea	Güçlü görsel ayrılık
Gözler - kristalin lens	Görsel ayrılık

Gözler - retina	Arkadan saldırı korkusu
İnce bağırsak	Sindirilemeyen besin, nesne, söz
İnce bağ., onikiparmak	Sindirilemeyen bir travmanın öfkesi
Kalp damarları, arterler	Özdeğer kaybı
Kalp damarları, koroner arterler	Bölgesel tehdit, bölge koruma zorunluluğu
Kalp damarları - koroner damarlar	Bölgesel tehdit, cinsel travmalar
Kalp kası - miyokard	Aşırı genel stres yüklenmesi
Kan damarları - iç tabaka (intima)	Özdeğer kaybı
Karaciğer - parankim	Açlık korkusu, varoluş tehdidi
Kaslar - iskelet	Özdeğer kaybı (hareket etmeyle ilgili)
Kemikler	Özdeğer kaybı
Kıkırdak	Özdeğer kaybı
Kolon	Bir olayı, parçayı, sözü hazmedememe
Kulak	İşitmeyle ilgili tehdit, duymak istememe
Kulak altı tükürük bezleri	İçeri almak ya da dışarı atmak için yeterince tükürük salgılayamamak
Lenf - damar	Özdeğer kaybı
Lenf - düğümleri	Özdeğer kaybı
Meme - bezler	Eş, çocuk, yuvayla ilgili tehdit (endişe, tartışma)
Meme - intraduktal kanal	Ayrılık korkusu, bir yakını kaybetme tehdidi
Mesane - mukoza	Bölge-Alan işaretleme zorunluluğu, tehdidi
Mide - büyük eğrilik	Bir olayı, konuyu, parçayı, sözü hazmedememe
Mide - mukoza	Bölgesel çatışma korkusu veya öfkesi
Mide - yemek borusu gırtlak	Bir olayı, konuyu, parçayı, sözü hazmedememe
Mide - Yemek borusu mukozasında üst 2/3lük kısım	Bir olayı, konuyu, parçayı, sözü hazmedememe
Motorik - motorial felci	Kaçılamayan, savaşılamayan, karar

(ms)	verilemeyen büyük bir travma
Pankreas	Kavga edilmesi gereken büyük bir tehdit
Pankreas, alfa hücreleri	Korku, tiksinti yaratan tehdit
Pankreas, beta hücreleri	Direnç gösterilmesi gereken tehdit
Pankreas,bez kanalları	Bölgesel tehdide yönelik öfke
Pankreas - mukoza	Bölgesel tehdide yönelik öfke
Paratiroid bezleri	Elde edememe, ya da çıkaramama
Penis	Penetrasyon, üreme tehdidi
Perikard (Kalp zarı)	Kalbe fiziksel saldırı tehdidi
Periosteum (Kemik zarı)	Çok şiddetli ayrılık travması
Periton (Karın zarı)	Göğüse ya da karına fiziksel saldırı tehdidi
Pleura (Akciğer zarı)	Göğüse fiziksel saldırı tehdidi
Prostat	Özdeğer kaybı, seksüel başarısızlık trav.
Rahim	Cinsel travma, özdeğer kaybı, çirkinlik travması
Rahim - ağız ve boyun	Bölge-Alan kaybetme korkusu
Rahim - boyun ya da ağız kasları	Özdeğer kaybı
Rahim, dölyatağı borusu	Cinsel travma, özdeğer kaybı, çirkinlik travması
Rahim - kaslar	Cinsel travma, özdeğer kaybı, çirkinlik travması
Rektum - kas - anal sfinkter	Bölgesel tehditte sınırları çizememe travması
Rektum - mukoza	Kadın kimliğine ya da bölgeye bir tehdit
Saç - kellik	Ayrılık, terk edilme travması
Safra kesesi - kanallar	Bölgesel tehdide yönelik öfke
Tendonlar	Özdeğer kaybı
Testis	Bir yakının şiddetli ve derin kayıp trav.
Tiroid - bezler	Elde edememe ya da çıkaramama (söyleyememe, konuşamama)
Tiroid - kanallar	Güçsüzlük, acizlik
Vajina, Bartholin bezleri	Vajinal kuruluk travması
Vajina mukozası	Cinsel ilişkiye girememe travması
Yüz - yüz felci	Yüz kaybetme tehdidi, kandırılma kor.
Yumurtalıklar	Bir yakının şiddetli ve derin kayıp trav.

Travmayı doğru teşhis etmek açısından şu soru sizi yönlendirecektir.

Sorun başlamadan 6 ay – 1 sene öncesine kadar hayatımda bahsi geçen alanda nasıl bir travma yaşandı?

Teşhis ve tam temizliğin yapılması açısından kullanabileceğiniz başka bir araç daha var. Sorunumuzu vücudumuzun hangi tarafında yaşadığımız, travmanın iç yüzünü ele veriyor.

Bu kuraldan yararlanabilmek için şimdi hangi beyninizin baskın olduğunu öğreneceğiz. Düşünmeden doğal bir şekilde alkışlayın. Ve aşağıdaki şekle bakın. Elleriniz hangisine daha yakın. Bir başka deyişle, hangi eliniz diğerinin üstünde?

Eğer sağlaksanız büyük ihtimalle sağ eliniz üstte olacak, solaksanız da tersi şekilde. Ancak, özellikle kendini sağlak olarak bilen, genellikle de başkalarına bakarak ya da zorla sonradan "sağlaklaştırılan" doğal solakların sol elleri yukarıda olacaktır. **237**

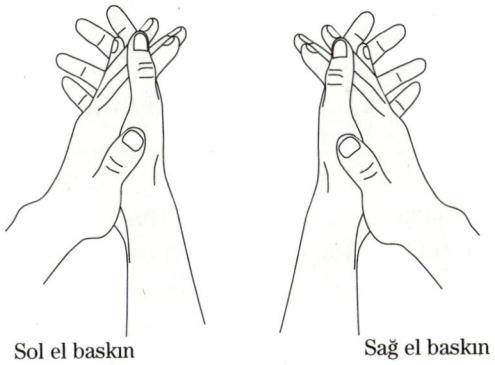

Sol el baskın   Sağ el baskın

Hangi eliniz yukarıdaysa, baskın eliniz odur.

Genel kural:

Vücudunuzda baskın elinizin bulunduğu taraf baba, eş, ortakla ilgiliyken diğer taraf anne, çocuk ve yuvanızla ilgilidir.

Yukarıda paylaştığım genel kuralın neden böyle geliştiğini kısaca açıklamaya çalışalım.

Eğer çocuğunu tutan bir kadına dikkatli olarak bakarsanız, çocuğunu baskın olmayan koluyla tutarken, işini daha rahat kullanabildiği asıl eliyle yapmaktadır. Çocuk hep baskın olmayan tarafı bloke ederken, diğer elini iş yapmaya, eşiyle ilgilenmeye ayırabilir.

Bu milyonlarca yıldır benzer şekilde kendini tekrarladığı için beyin, sağlak için sol tarafı, solak için sağ tarafı çocuk ve benzeri konularla özdeşleştirmiş. Sadece çocuk değil, anne ve yuvayı da aynı tarafta kodlamış. Diğer tarafıysa baba, eş ve eş olarak görebileceği konulara ayırmış.

Beynimizin tüm karışık konuları basite indirgediğini düşünürsek, işinizde yaşanacak bir sorunun "çocuk" olarak algılanabileceğini bunun da baskın olmayan tarafınızda kendini gösterebileceğini söyleyebiliriz. Mesela, işinizde yaşayacağınız sorun, eğer işinizi (özellikle de onu sıfırdan yaratıp geliştirdiyseniz) çocuk olarak görüyorsanız, muhtemelen kendini çocuk tarafında gösterecektir.

Kontrol merkezi beyin kökünde (brain stem) bulunmayan bütün organ ve dokular için bu kural geçerli. Ancak bahsettiğimiz kuralın istisnaları bulunuyor. Aşağıdaki organ ve vücut bölümlerinin kontrol merkezi beyin kökünde bulunuyor ve bu kural onlar için işlemiyor.

- Adrenal medulla
- Böbrekler - toplama tüpleri
- Dilaltı tükürük bezleri
- İnce bağırsak
- Kalın bağırsak (kolon)
- Mide
- Pankreas
- Prostat
- Rektum
- Vajina – bartholin bezleri
- Akciğer
- Boğaz
- Gözyaşı bezi
- İris (göz)
- Karaciğer
- Ortakulak
- Penis
- Rahim
- Tiroid bezi
- Yemek borusu

Programlar ve hastalıklar

Okuduklarınızın ışığında, "Biz bunları hastalık olarak biliyoruz, şimdi nereden çıktı bu programlar?" diye düşünebilirsiniz.

Klasik Batı tıbbının "klasik" çalışma şekli, hastalıkla beraber görülen belirtilerin, şikâyetlerin gruplanarak bunlara isim verilmesi, özellikle beslenmenin düzenlenmesi, ilaç ve gerektiğinde fiziksel olarak bunlara müdahale edilmesi şeklindedir.

Belirtileri gruplayarak hastalık olarak nitelendirmek, büyük resmi görmemek anlamına geliyor. Aslında "neden sonuç ilişkisi" kurulmaksızın ilaç benzeri dışsal yöntemlerle yapılan müdahaleler, baskılanan, şiddeti azaltılan ama hiç geçmeyen "kronik" şikâyetler yaratıyor.

Sağlık konusunun "fiziksel" olarak nitelendirilen bölümünü bitirmeden önce size hatırlatmak istediğim tek bir şey var: Temizleyebileceğiniz hastalıkların hiçbir şekilde sınırı yok! Buna şu an adını "zikretmediğim" ama hepimizin "en korktuğu" hastalık da dahil olmak üzere...

Klasik tıbbı tartışmayı başka bir kitaba bırakarak yolumuza konunun "psikolojik" boyutuyla devam edelim...

Psikolojik
programlar

Özellikle beynimizin yaşadığı büyük travmalara sürekli olarak 3 boyutta eşzamanlı tepkiler verdiğini belirtmiştik. Bu üç boyut:

• Psikolojimiz
• Beynimiz
• Organımız

Bu bölümde beynimizin verdiği tepkilerin psikolojik boyutunu inceleyelim ve NeuroFormat® sistemiyle bunlardan nasıl kurtulabileceğimizi görelim.

Panik atak

Ülkemizde belki de ilk kez 20 sene önce telaffuz edilmeye başlanan panik atak rahatsızlığı son yıllarda gündemimizi fazlasıyla meşgul ediyor. Panik atağı temizleyebilmenin en önemli yolu, neden oluştuğunu belirleyebilmek.

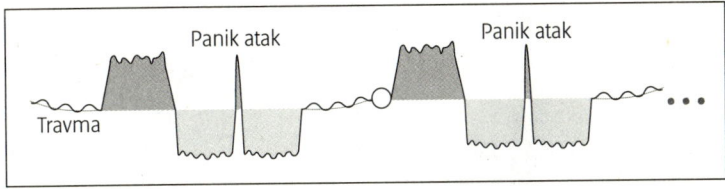

Panik atak genelde, atakların ilk başlama tarihinden 1 sene öncesine kadar yaşanılan kötü bir olayla ilgilidir. Aslında panik atak yine bir iyileşme krizi. Kronik sorunları anlatmada kullandığımız grafikte olduğu gibi, yaşanan ana travma beyinde canlı olarak kaldığı için, farklı zamanlarda tetiklenerek, bizi sürekli aynı döngünün içine sokup duruyor. Biz bu programın iyileşme krizini, panik atak olarak yaşıyoruz.

Panik atağı temizleyebilmenin ilk şartı, beynimizde bu programı başlatan ana travmayı tespit ederek, bu olayı Hikâye Tekniğiyle tamamıyla temizlemek.

Erken yaşta başlayan şiddetli panik atak sorunu olan kişilerin önemli bölümünde, yıllar önce yaşanan bir "nefessiz kalma" vakası olabiliyor. Mesela, küçük yaşta midenin yıkanması, yüzerken boğulma tehlikesi geçirilmesi gibi durumlar bahsettiğimiz programı başlatabilir.

Eğer böyle bir durum mevcut değilse, bir yakının kaybıyla yaşanan travma, özellikle de cenazeye gidilmesi durumunda "klostrofobi" ve panik atak başlatabiliyor. Evet bunu çok açık söylemek istemesem de, bazen fazla "empati" yapabiliyoruz.

Panik atağın formatlanmasında beynin "nefes alma" ya da "kalp atışlarına" olan duyarlılığının temizlenmesi oldukça önemli. Zira panik başlayınca daha da fazla panikliyor olmak ve bunu istemdışı yaşamak, yaşanılan korkunun boyutunu kontrol edilemeyecek bir duruma getiriyor.

Daha fazla panik hissetmenin yarattığı kısır döngü.

Çoğu zaman panik atağın etkilerinin azaltılması için Neuro-Format® Nefes Tekniği adını verdiğim, yaklaşık yarım saatlik bir uygulamayla bilinçaltının nefes alamama korkusu temizlenebiliyor. Özellikle, bu konuun yetkili bir profesyonel tarafından uygulanması gerektiği için NeuroFormat® Nefes Tekniği'nin uygulama detaylarını bu kitapta paylaşmıyorum.

Bu arada NeuroFormat® Nefes Tekniği'nin sporcularda uygulanması da, dayanıklılık kazanılması açısından çok başarılı sonuçlar veriyor.

Şimdi diğer en "popüler" durumu açıklayalım.

Depresyon

Panik atakla beraber hem dünyada hem de Türkiye'de en fazla görülen psikolojik şikâyetlerden biri de depresyon.

Aslında depresyonun birçok farklı nedeni olabilir. Bazen depresyon belli bir konuda pişmanlık, suçluluk veya birisine duyulan öfkeyle beraber ortaya çıkabilir. Zira temizlenmesi de sorun yaratan duygulardan birer birer temizlenmekle mümkün...

Peki depresyonumuz tek büyük bir travmayla başladıysa?

Aslında çözüme gitmeden büyük bir olayla başlayan depresyonların mantığını paylaşmalıyım. Detaylara girebilmek için bazı bilgileri anımsamamızda yarar var.

Kitabın başında beynimiz hakkındaki bilgileri "sıralarken" sağ beynimizin "depresif", sol beynimizinse "manik" olduğunu söylemiştik.

Biraz önce "alkış" testiyle baskın elimizi bulduk. Eğer testi yapmadıysanız, ilgili bölümü tekrar okuyarak baskın elinizi bulabilirsiniz.

Şimdi kurallarımıza geçelim.

- Sağlak bir erkek, ilk büyük "bölgesel tehdit" yaratan travmayı sağ lobda yaşayarak depresyona girer.
- Solak bir erkek, ilk büyük "bölgesel tehdit" yaratan travmayı sol lobda yaşayarak "manik" bir duruma girer.
- Sağlak bir kadın, ilk büyük "sosyal-bölgesel tehdit" yaratan travmayı sol lobda yaşayarak "manik" bir duruma girer.
- Solak bir kadın, ilk büyük "sosyal-bölgesel tehdit" yaratan travmayı sağ lobda yaşayarak depresyona girer.

Yukarıda sizinle paylaştığım bilgi tek olayla yaşanan depresyonların nedenini açıklıyor olsa da çözüm için bize bir katkı sağlamıyor.

Bizim çözümümüz, kitabın bu aşamasında gayet net. Depresyona sokan olayın tüm anları ve tüm yönleriyle beraber Hikâye Tekniğiyle temizlenmesi.

Şimdi daha karışık bir konuyla uğraşalım...

Obsesif Kompulsif Bozukluk - OKB

OKB rahatsızlıkları da NeuroFormat® sisteminin çok başarılı olarak uygulandığı alanlardan bir tanesi. Evet, belki tüm OKB vakalarının çok kısa zamanda temizleneceği gibi bir iddiamız yok. Ancak, uygulama sonuçları gerçekten umut verici.

OKB bozukluklarının temizlenmesinde 2 yaklaşım olabilir. Daha kısa ve etkili olanı, duruma sebep olan konunun tespit edilerek, etkisinin sistemimiz vasıtasıyla temizlenmesi.

Ben ve ekibim çalışmalarımızda, OKB'nin sebeplerinin genelde ortak bir paydada birleştiğini gördük.

UTANMAK!..

Evet, kişi geçmişte yaşadığı bir konuda kendisinin hiçbir suçu olmasa da çok ama çok utanmış olabiliyor. Çoğu zaman, geçmişte yaşanmış cinsel içerikli bir travma yıllar sonra takıntılar olarak kendini gösterebiliyor.

Özellikle de kişi yaşadıklarından çok utandığı, belki de suçluluk duyduğu, belki de başkaları tarafından öğrenilmesinden korktuğu için hissettiklerini bastırarak, onları "erişilmez küçük bir kutuya" koyuyor. Bu bastırma içgüdüsü o kadar güçlü ki, kişi kendisi bile bu olayı unutmuş olabilir.

Evet, beyin yine gereksiz yere sürece giriyor. Bu olayın unutulması ya da bastırılması gerektiği için, savunmaya geçerek kendince gündemi gereksiz yere meşgul etmeye başlıyor.

OKB'lerin temizlenebilmesi için en önemli şart, utanılan olayın tespit edilerek etkisinin temizlenmesi. Bunu sistemimizde

Hikâye Tekniğiyle yapıyoruz. Uygulama sırasında göz noktalarındaki tüm duyguların formatlanması oldukça önemli. Ayrıca, yaşanılan kötü olayla ilgili duyguların, suçluluk, utanç, yakınların öğrenmesi korkusu gibi birçok farklı "parçanın" da temizlenmesi başarı için şart.

Diğer bir yaklaşımsa, kişilerin takıntılarıyla ilgili korktukları şey gerçekleşirse hissedecekleri duyguları birer birer temizlemek. Mesela, ellerini yıkamadıkları an hissedecekleri duyguyu, fobi uygulamalarına benzer şekilde formatlamak. Uygulamalar kişiye ve duruma göre değişse de, işin özü korkulan durumun üzerine giderek yaşanan kötü duyguları birer birer temizlemek.

Evet, belirtileri teker teker temizlemek, tek bir travmayı temizleyerek altın vuruş yapmaktan daha uzun bir süreç gerektiriyor. Ama böyle bir durumdaysanız denemek ve sebat etmek hayatınızı değiştirebilir.

İyileşmede sınır yok

Aslında bir kez daha tekrar etmek isterim, tabii ki kitabımızda bütün rahatsızlıklardan bahsedemiyoruz. Ancak, özellikle belli bir olaydan sonra başlamış bütün konularda iyileşme şansımızın olduğunu üzerine basa basa söylemek isterim. Zira biz beyne sağlıklı olmasını telkin etmiyoruz. Biz sadece beyne yaşadığı her neyse bunun önemli olmadığını, aldığı tedbirleri kaldırabileceğini yine onun anladığı dilde söylüyoruz.

Ekibimle yaptığımız çalışmalarda 30 seneden beri kesintisiz süren çığlık derecesinde hıçkırmadan vajinismusa, tırnak yemeden saç koparmaya, spor sırasında nefessiz kalma korkusundan burada bahsetmek istemeyeceğim birçok ilgisiz konuya kadar tamamıyla iyileşme yaşadığımızı söyleyebilirim. Evet, sistemimiz işe yarıyor, çünkü çoğu rahatsızlığın tetiklendiği yer bahsettiğimiz gibi beynimiz. Ancak, sizden öncelikli ricam, hangi sorun üzerinde çalışıyorsanız çalışın, doktorunuz tarafından size önerilen tedavileri aksatmadan NeuroFormat® uygulamalarını yapın.

30 saniyede yükseklik korkusu, 1.5 dakikada böcek fobisi, 2 dakikada "Scream maskesi" korkusunu temizleme gibi deneyimlerimiz oldu. Ancak, ne yazık ki her konu bu kadar hızlı çözülmüyor. Bazı sorunları tam olarak çözmek, özellikle de doğru teşhis yapmak adına çok daha uzun süreler alabiliyor.

Lütfen ama lütfen çaba göstermeye, problemin farklı parçalarını, travmanın farklı anlarını temizlemeye devam edin.

Unutmayın, gece karanlığın en yoğun olduğu an aslında aydınlığa en yakın zamandır.

Baskılamak değil iyileştirmek!

Hepimiz türlü türlü rahatsızlıktan dolayı küçük yaşlardan itibaren ilaçlar içmeye başlıyoruz. Küçükken ilaçları, mucizevi etkileri olan "sihirli şekerler" gibi görüyoruz. Ne güzel... Onları içtiğimiz zaman "hiçbir şeyciğimiz" kalmıyor.

Ancak büyüdükçe işin rengi biraz değişiyor. Çoğumuzun daha karışık rahatsızlıkları ortaya çıkabiliyor. Ne yazık ki bu rahatsızlıklarımızın önemli bir bölümü, sürekli tekrar etmeye, kronikleşmeye başlıyor. İşte bundan sonra, hayatımıza süresiz kısıtlamaları, hayat boyu almak zorunda olduğunuz ilaçları sokuyoruz.

İlaç kullanımına ben dahil hiç kimsenin karşı olması söz konusu bile olamaz. Ancak, özellikle kronik sorunlarımız için kullanılan ilaçlar beyindeki programları, beynin rahatsızlıkları ortaya çıkarma nedenlerini "pas geçtiği" için etkileri çoğu zaman kısa süreli oluyor.

Sonuçta yangının nedeni temizlenmediği için, ilaçlarla "söndürülen" rahatsızlıklar belli bir süre sonra tekrar nüksediyorlar.

Ne tür bir sistem kullanılırsa kullanılsın, kronik sorunlar için özellikle yapılması gereken, rahatsızlığın kaynağının kurutulması olacaktır. NeuroFormat® sistemini çok nadir olarak geçici rahatlama için kullanabilsek de, asıl amacımız beynimizde rahatsızlıklara sebep olan nedenleri kalıcı olarak formatlamak... Yani baskılamak değil, iyileştirmek...

Eğer kitabımı hiçbir uygulama yapmadan, sadece bilgi almak adına okuduysanız sizin için başı ve sonu dışında oldukça sıkıcı bir kitap olmuş olmalı. Eğer böyle bir durumdaysanız lütfen şikâyetlerinizi sadece bana gönderiniz ☺.

Tabii ki şaka yapıyorum. Ancak yine de, herkesi etkileyemeyeceğimi, herkesi inandıramayacağımı, herkese uygulama yaptıramayacağımı, herkesin hayatına dokunamayacağımı biliyorum. İçinizden "Yani bu muymuş?", "Saçma birtakım tekniklerle nasıl hayat değişirmiş?", "Ben göz noktalarını görmedim", "Vurdum vurdum bir şey olmadı" gibi cümleler kuranlar olabilir. Teknikler ve sistem size çok mantıksız, basit ya da uygulaması zor gelebilir.

Mantıksız ve basit gelmesi konusunda pek fazla açıklama yapmayacağım. Size tek söyleyeceğim, bu sistemle bütün inanç sisteminizi zorlayacak şekilde sonuç alındığı... Zaten beynimiz basit ve ilkel şekillerde çalışıyor. İşte bu yüzden konuşmalardan, karmaşık kavramlardan anlamıyor. Sistemimiz tam da ona uygun olan fiziksel düzlemde çalışıyor. Sonuç alabilme sebebimiz farklı bakış açımız ve bilinçaltının anlayabildiği şekilde ona ulaşmamız.

Kitabın ve sistemin zorluğuna gelince... Bu kitabı eğer sadece bir kez okursanız, hayatınızda gereksiz bir kitap okudunuz demektir. Kitabımın sizi müthiş eğlendirmediğini biliyorum, buradan aldığınız bilgileri de uzun süre hatırlayacağınızı sanmıyorum. Ancak, eğer bu kitabı başarı sağlayan binlercesi gibi başucu kitabı haline getirir, doğru analizleri yapar ve uygulamalarda sebat ederseniz "sınırların gökyüzü" olduğunu söyleyebilirim!

En büyük tehlike, inancımızı kaybetmek... Hayır, tekniklerin işe yaraması için inanmak gerekmiyor. Zira bir TV kanalında yaptığım, canlı yayında fobi geçirme uygulamasını internette izlerseniz, uygulama yaptığım kişinin de bana inanmadığını ve bunu açıkça söylediğini görebilirsiniz.

İnanç bize sadece sebat etmek için gerekli... Erken pes etmemek, sonuna kadar gitmek için... Eğer, istediğiniz sonuca ulaşmıyorsanız durumu güvendiğiniz üçüncü bir kişiye açın. Konuyu ve sistemi bilmese de size farklı bakış açıları kazandırabilir. Belki de yanlış bir olay ya da sebep üzerinde çalışıyorsunuz ya da sorunun tüm nedenlerini temizlememiş olabilirsiniz.

Sebatın önemini ne kadar vurgulasam az. Bu kitapla size, ilk kez okuduğunuzda "Neydi bu ya?!" diyebileceğiniz yoğunlukta bilgi verdiğimin farkındayım. Şunu itiraf etmek isterim ki, çalışmalarımda ilk kitabımı okumuş ve denemiş ancak bir şekilde teknikleri uygulamada başarılı olamamış kişilerle karşılaştım. Zira, bu insanlar sistemin hızı ve etkisine inançları tam olsa da, bir şekilde sonuca kadar gidememişlerdi. Bu kitabımdaki en büyük amacım, en önemli "püf noktalarını" mümkün olduğunca paylaşmak ve bu insanların sayısını minimuma indirmekti. Bu insanlarla yaptığım tek bir çalışmayla, tamamına yakını uygulamaları kendi kendilerine tekrar edebilir hale geldiler.

Tabii ki kitapta okumak, video seyretmek, seminerine katılmak, bir profesyonelle bire bir uygulama yapmak birbirinden çok farklı "etkileşimleri" kapsıyor. Evet, bazılarımız kitaptan hemen uygulamaya geçip hayatlarına adapte ettiler. İlk kitabımdan sonra birçok kişiden de "Eğitim isterük" benzeri birçok mail aldım ☺. Bazılarımızın hayatını değiştirmek için "daha fazla interaktivite" gerekebiliyor. Eğer siz de böyle bir durumdaysanız, çeşitli seviyelerde verilecek eğitim seminerleri hakkında bizi sosyal medyada, aşağıdaki adreslerden takip edebilirsiniz.

facebook.com/neuroformat

twitter.com/barismuslu

Eğer ben ve ekibimin yardımcı olabileceği başka sorularınız ve sorunlarınız varsa bize www.neuroformat.com adresinden ulaşabilirsiniz.

Kitabımın sizin ve sevdiklerinizin hayatına pozitif olarak dokunması dileğiyle...